Cornelia Giese

Die freie Waldorfschule – eine Mogelpackung?

Reihe Pädagogik

Band 33

Cornelia Giese

Die Freie Waldorfschule – eine Mogelpackung?

Centaurus Verlag & Media UG

Die Deutsche Bibliothek – CIP-Einheitsaufnahme

Bibliographische Information der Deutschen Bibliothek:
Die deutsche Bibliothek verzeichnet diese Publikation in der
Deutschen Nationalbibliographie; detaillierte bibliographische Daten
sind im Internet über http://dnb.ddb.de abrufbar.

ISBN 978-3-8255-0711-4   ISBN 978-3-86226-926-6 (eBook)

DOI 10.1007/978-3-86226-926-6

ISSN 0930-9462

© *CENTAURUS Verlags KG, Kenzingen 2008*

Umschlagabbildung: Foto der Verfasserin

Umschlaggestaltung: Jasmin Morgenthaler

*Ich widme dies Buch allen WaldorfschülerInnen, die ich an „meiner" Waldorfschule viele Jahre unterrichtet habe und die entgegen der anthroposophischen Moral, kritische Fragen zu stellen wagten, dabei zum **eigenständigen Nachdenken** und zum „verbotenen" **selbständigen Urteilen** angeregt wurden.*

Cornelia Giese

„Wir müssen zuerst mit dem Geld, das wir noch haben, freie Schulen gründen, um den Leuten beizubringen, was sie brauchen."

Rudolf Steiner[1]

„Es bilden sich die Leute, die sich praktisch nennen, ein, nach den allerpraktischsten Grundsätzen zu handeln. (...) Wenn Sie absolut objektiv das Denken der Praktiker beobachten und das, was man gewöhnlich Denkpraxis nennt, prüfen, so werden Sie finden, dass da zum Teil sehr wenig wirkliche Praxis dahinter steckt, sondern was man Praxis nennt besteht darin, dass man gelernt hat: wie hat der Lehrmeister gedacht, wie hat derjenige gedacht, der dieses oder jenes vorher fabriziert hat, und wie richtet man sich nach dem?"

Rudolf Steiner[2]

---

[1] Steiner, zitiert nach: Molt 1972, S. 231, zitiert nach: Lindenberg, Rudolf Steiner, Rowohlt Monografien, 1992, S. 119

[2] Steiner, Praktische Ausbildung des Denkens, in: Wege der Übung, ausgewählt und herausgegeben von Stefan Leber, S. 100, aus: GA 108 (GA = Gesamtausgabe von Steiner), Dornach 1970, S. 216-234

Inhalt

Vorwort

Mit der anthroposophischen Pädagogik der Waldorfschule ist es wie auch sonst mit Drogen: es fehlt nicht an warnenden Hinweisen, aber das ändert nur wenig an der Faszination, die sie auf viele Eltern ausübt. In der Tat lässt sich sehen, dass die von Rudolf Steiner erfundene Anthroposophie seit ihrer Verkündung kritisch beurteilt und geradezu vernichtend demaskiert worden ist, und doch hat sie sich behauptet und findet nach wie vor Anhängerinnen und Anhänger, die bei Steiner die Lösungsworte für ihr Leben, für ihr Verständnis der Gegenwart und eben auch für die Organisation der Erziehung zu finden hoffen.

Warum das so ist und welchem Bedürfnis diese Reverenz vor der anthroposophischen Weltanschauung entspricht, ist eine Frage für sich. Auf alle Fälle zeigt sich eine gewisse Wirkungsschwäche, wenn nicht gar Hilflosigkeit der theoretischen Kritik. Wie es aussieht, erreicht sie nicht die Motive derjenigen, die bei Steiner zu finden meinen, was sie in der modernen Welt vermissen: fertige Sinnantworten im großen, gewissermaßen metaphysischen Stil, beglaubigt und verkörpert durch die Prophetenattitüde des Meisters.

Angesichts dieser Lage ist es zu begrüßen, dass in neuerer Zeit vermehrt Gegenanzeigen hervorgetreten sind, die sich zwar auch auf die eher theoretischen Analysen stützen, aber ihr Gewicht aus der eigenen Anschauung und dem erlebten Umgang in und mit der Praxis an Waldorfschulen gewinnen. Dazu gehört auch die hier vorgelegte Studie von Cornelia Giese. Es ist ihr Verdienst, ihre intime Kenntnis des anthroposophischen Innenlebens von Waldorfschulen mit den Ergebnissen der Forschung über den Waldorf-Komplex zu verbinden und so ein Bild seiner pädagogischen Wirklichkeit jenseits der einladend-nebulösen Selbstbeschreibungen zu präsentieren. Es könnte wenig informierte oder schlicht ahnungslose Eltern darüber aufklären, was sie erwartet, wenn sie sich darauf einlassen, ihre Kinder den Waldorfpädagogen anzuvertrauen.

So gesehen ist die Botschaft über Waldorf und ihren Meister zwar nicht neu, aber darauf kommt es hier auch gar nicht an. Vielmehr geht es darum, noch einmal und auch im biographischen Detail zu zeigen, wie eine totalisierende Erziehungspraxis aussieht, wie sie sich im Umgang der Schule mit den Schülerinnen und Schülern, mit den Eltern und der Lehrerschaft untereinander darstellt, mit welchen Abwehrmechanismen sie sich nach außen abschirmt und ihre Eigenwelt im Gestus ideologischer und moralischer Überlegenheit stabilisiert. Man kann nur wünschen, dass sich viele der prospektiven Waldorfeltern mit diesen Befunden bekannt machen und die Kontraindikation zur Waldorfpädagogik mit ihren offenen und versteckten Implikationen beherzigen.

Oldenburg, im März 2008   *Prof. Klaus Prange*

(Prof. Klaus Prange hat als Erziehungswissenschaftler jahrelang in Tübingen gelehrt und sich als einer der ersten kritisch mit der Waldorfpädagogik auseinander gesetzt. Seine Publikation „Erziehung zur Anthroposophie. Darstellung und Kritik der Waldorfpädagogik" [1987] ist immer noch ein Grundlagenwerk innerhalb der Waldorfkritik.)

Einleitung

Vor etwa 25 Jahren beschloss ich, zusammen mit einem Freund – einem ehemaligen Waldorfschüler – eine Ausbildung an einem anthroposophischen Institut zu beginnen. Mein Lehramtsstudium und meine Referendariatszeit hatte ich bereits abgeschlossen. Die Zusatzausbildung bei Waldorfs sollte deshalb nur ein Jahr dauern. Mich reizte die (heute naive) Vorstellung, Lehrerin an einer „Freien Waldorfschule" zu werden, ohne Schulbücher, ohne Notensystem und ohne staatlichen Lehrplan.

Nach einem halben Jahr meiner Ausbildung bemerkte ich allerdings, dass es sich bei dem internen Waldorflehrplan keineswegs um ein „Mehr an Freiheit" handelte, sondern ganz im Gegenteil, um ein ziemlich enges geistiges und religiöses Korsett aus einer verstaubten und ver„Steiner"ten Zeit der Reformpädagogik. Befremdlich fand ich nicht nur das Sektiererische im Umgang mit Steiner, sondern in den von Waldorfs rezipierten Ritter- und Heldengeschichten fehlten mir die Identifikationsmöglichkeiten für Mädchen. Sie wurden auf ihre typischen Rollen festgelegt oder mussten sich mit Männern identifizieren. In ihnen konnten Mädchen entweder die Rolle der angepassten Mutter, die der guten Fee, oder die der schönen Prinzessin oder „reinen" Jungfrau annehmen, das aber widersprach meinem Gerechtigkeitsempfinden und meinem modernen Rollenbild von Mädchen und Frauen zutiefst. Ich vermisste starke unabhängige Frauen, wie sie bereits in den 80er Jahren in vielen Schulbüchern zu finden waren. Nicht nur dass ich mich während meiner Eurythmie-Übungen an dem Waldorfinstitut nur immer mit Adam identifizieren sollte, störte mich. Zu allem Überfluss wurde mir noch aus tiefster Überzeugung erklärt, warum alle Lehrerinnen an der „Freien" Waldorfschule in Stuttgart immer noch weiterhin „ausschließlich" Röcke tragen sollten. Weil nämlich Frauen das fürsorglich Umhüllende für das Kind darzustellen hatten, während Männer das autoritäre Prinzip verkörpern sollten. Als ich dagegen protestierte, traf ich nur auf Unverständnis. Um mich herum schien es niemanden zu geben, der sich daran stieß. Hinzu kamen Mädchen diskriminierende Äußerungen und die einseitig männliche Sprache, die abstrusen Hellsichtigkeiten Steiners, seine zwei Jesuskinder, wobei das eine

Jesuskind der inkarnierte Buddha und das andere der inkarnierte Zarathrustra sein sollte, die dann im Alter von 12 Jahren angeblich miteinander verschmolzen. Da mochte ich geistig nicht mehr folgen. Zusätzlich praktizierten die AnthroposophInnen eine antiquierte Didaktik: Frontalunterricht, kein problemorientierter und kaum schülerzentrierter Unterricht und vor allem viel zu selten Gruppenarbeit, ganz zu Schweigen von dem Einsatz multimedialer Unterrichtsmittel. Hinzu kamen die fehlenden Schulbücher bei Waldorfs (damit die fehlende Kontrolle), die mangelhafte Vermittlung des Alphabets und das ungenügende systematische Schreibenlernen in den ersten Klassen, sowie die daraus resultierenden Lese- und Schreibschwächen der SchülerInnen. Dies waren die wesentlichsten Gründe dafür, warum ich die Zusatzausbildung für Waldorfpädagogen abbrach. Mir wurde klar, ich wollte keiner anthroposophischen Sekte[3] angehören, in der die AnhängerInnen Steiner wie einen göttlichen Propheten und Hellseher verehrten. Zudem kam mir alles so aufgesetzt und künstlich vor. Ich wohnte mehrmals christengemeinschaftlichen „Gottesdiensten" oder „Messen" bei. Es war ein schlecht inszenierter Abklatsch der katholischen Kirche, ohne jegliche Ausstrahlungskraft. Man merkte, dass Steiner früher mit dem Gedanken gespielt hatte, ins Kloster zu gehen, außerdem übernahm er viele Sakramente der katholischen Kirche[4] und wandelte diese nur geringfügig ab.

Nach zehn Jahren verschlug es mich dann allerdings doch noch an eine Waldorfschule, wenn auch nicht als Anthroposophin und Waldorflehrerin, sondern „nur" als evangelische Religionslehrerin, allein der protestantischen Kirche und mir selbst verpflichtet. Da ich natürlich auch dieser kritisch gegenüber stehe, war es für mich eine interessante Erfahrung, wie frei ich hier gelassen wurde. Ich genoss in meiner Kirche während meiner Lehrtätigkeit bei Waldorfs mehr Freiräume als das wohl jemals bei AnthroposophInnen möglich sein wird. Denn natürlich hatte ich in meiner 14jährigen Unterrichtstätigkeit hin und wieder Konflikte mit den anthroposophischen KollegInnen und Eltern. So beschwerte man sich, ich wür-

---

[3] Sekte hier wertneutral gemeint, abgeleitet von secare (griech.) = Abspaltung und sequi (lat.) = Nachfolge

[4] vgl. Cornelia Giese, Rudolf Steiner und die Waldorfschule, 2008

de im Unterricht auch Filme zeigen (die Technik gilt bei eingefleischten AnthroposophInnen laut Steiner als ahrimanisch = teuflisch). Ich dagegen hatte mir einen eigenen Fernseher mit Videogerät mitgebracht, und damit den leibhaftigen Teufel eingeschleppt. Außerdem warf man mir vor, ich würde von Gott *auch* in der weiblichen Form reden, das ginge doch nicht! Ich musste in dieser Sache sogar einmal meinen Schulreferenten (er hat alle evangelischen ReligionslehrerInnen seines Bezirks unter sich) zu einem Gespräch mitbringen. Doch zum Glück hatte auch er wie ich ein androgynes und offenes, also mehrdeutiges Gottesbildverständnis und hielt ihnen deshalb einen Vortrag über die Vielfältigkeit der Schöpfung in der Bibel, die historisch kritischen Exegese, sowie über die unvollkommene, da einseitig männlich tradierte Sichtweise der Kirchenväter. Damit hatte ich gewonnen und wurde weiterhin, wenn auch mit zusammen gebissenen Zähnen, geduldet, zumal auch die feministische Theologie im Curriculum der Oberstufe zu finden ist.

Die eine Waldorfschule, an der ich fast 15 Jahre unterrichtete (an einer anderen habe ich es nur 1 Jahr ausgehalten), galt im Vergleich zu anderen als ziemlich offen und liberal. Schließlich hatten wir eine Eurythmistin, die in einer schwarzen Lederkombi Motorrad, und einen Geschäftsführer, der in anthroposophischer Blasphemie einen Jaguar auf Schulkosten (wie sich später herausstellte) fuhr. Ihm wurde nach 22 Jahren fristlos gekündigt, weil herauskam, dass er die Schule im Laufe seiner Amtszeit um ca. 200.000 Euro geprellt hatte, sich üppige Sonderzahlungen zubilligte und sogar Teile unserer Pensionsgelder (meine auch) nicht an die Rentenversicherung weitergeleitet hatte. Betrüger findet man überall, nicht nur unter AnthroposophInnen, doch wirft der Vorfall in diesem Zusammenhang die Frage auf, inwieweit ein solches System wie bei Waldorfs, in dem nicht genügend Kontrollmechanismen stattgefunden haben (umgangssprachlich auch „Filz" genannt), nicht zu solchem Missbrauch einlädt? Bei einem staatlichen, dezentralisierten Schulsystem wäre eine Veruntreuung solcher Summen gar nicht möglich gewesen. Vielleicht wäre es deshalb insgesamt nötig, private Schulen, und somit auch die Waldorfschulen, stärker zu kontrollieren, denn schließlich handelte es sich letztlich um unsere Steuergelder, die dort veruntreut wurden.

Doch während meiner Unterrichtstätigkeit bei Waldorfs kamen mir noch viele andere Fragen. Stundenlang verbrachte ich deshalb nach dem Unterricht in anthroposophischen Bibliotheken, um selbst zu forschen und Licht in die für mich im Dunkeln liegende Anthroposophie und die Waldorfpädagogik Rudolf Steiners zu bringen. Nach jahrelangen Forschungen erlangte ich dann, wenn auch nicht Steiners „Erkenntnisse höherer Welten", wie er mir in einem seiner berühmten Werke versprach, so doch schnell ein umfassendes Wissen und tiefe Einblicke in die oftmals „verrückte und abstruse" anthroposophische und „geisteswissenschaftliche Welterkenntnis".

In den pastellfarbenen, marmoriert getupften und abgeschrägten Räumen der AnthroposophInnen fühlte ich mich ein wenig wie ein weiblicher Wallraff in konspirativer Mission. Mit der Zeit fand ich sogar ein wenig Gefallen an meiner Rolle, zumal ich in dem vielfach Verschrobenen und Unverständlichen (*„jedoch nur für Nichteingeweihte, die noch nicht den steinerschen Schulungsweg gegangen sind"*) auch viel Spannendes entdeckte, wie die persönliche Briefe des Meisters. Sie eröffneten mir ganz andere Einblicke in seine hellsichtigen „Schauungen" und erklärten mir so Einiges. Zum Beispiel dass er seine Kunstschülerin und Mitarbeiterin Edith Maryon mehrfach um „Schnee" bittet und ich offenbar als Erste seine Kokainsucht, die die AnthroposophInnen als Schnupftabak zu verharmlosen suchen, entdeckte und belegte (vgl. Rudolf Steiner und die Frauen, 2008).

So erschien bereits mein erstes Buch 1997 unter meinem **Pseudonym Juliane Weibring „Die Frauen um Rudolf Steiner. Im Zentrum seines Lebens, im Schatten seines Wirkens"**. Darüber hinaus wollte ich nun auch wissen, welch neue „Christologie" Steiner mit der Christengemeinschaft zusammen mit dem evangelischen Pfarrer Rittelmeyer begründet hat, was es zum Beispiel mit seiner Theorie der beiden Jesuskinder auf sich hat und welcher Unterschied zwischen dem Freichristlichen (anthroposophischen) Religionsunterricht an Waldorfschulen und der Christengemeinschaft besteht. Daraus entstand ein Jahr später (1998) **„Die Waldorfschule und ihr religiöser Meister. Waldorfpädagogik**

unter feministischer und religionskritischer Perspektive", natürlich ebenfalls unter meinem Pseudonym Juliane Weibring.

In diesem Jahr (2008) wurden die Bücher noch einmal unter meinem richtigen Namen veröffentlicht, weil ich jetzt an einer Staatsschule unterrichte und weiter als freischaffende Autorin tätig bin.

Während mein erstes Buch eine Studie über „Rudolf Steiner und die Frauen" ist, die die Anthroposophie mitbegründet haben und ihn finanziell und geistig unterstützten, setzte ich mich im zweiten mit Steiner sowohl als „Feministen" als auch als „Chauvinisten", als Religionsstifter und als sakrosankter „Geistseher" auseinander und zeige darüber hinaus auf, dass die Inhalte an Waldorfschulen besonders für Mädchen überwiegend antiquierte Rollenbilder aufweisen.

Mit diesem dritten, knapp abgefassten Buch zum Thema, will ich einen kleinen Einblick in die Anthroposophie und Waldorfpädagogik geben. Ich habe nämlich im Laufe meiner jahrzehntelangen Forschungen festgestellt, dass Kritikbücher immer sehr schnell wieder vom Markt verschwinden, oder von AnthroposophInnen vom Markt geklagt werden (wie z.B. Das Schwarzbuch von den Brüdern Grandt). Ich habe deshalb manches Mal gedacht, dass bei dem Verschwinden des ein oder anderen Kritikbuches die Waldorflobby mit ihrem enormen Kapital dahinter stecken könnte, da sie in manchen Verlagen auch ihre auflagenstarken Bücher vermarkten und vielleicht mit den Verlagsgiganten einen Deal aushandeln. Tatsache ist jedenfalls, dass Waldorfianer oder AnthroposophInnen natürlich kein Interesse daran haben, kritische Stimmen zuzulassen und deshalb alles tun, diese zu unterdrücken.

Dieses Buch möchte Eltern daher einen kurzen und kritischen Überblick über die Waldorfpädagogik geben und am Schluss mit 25 gebündelten Fragen bei einer lebenswichtigen Entscheidung behilflich sein, die für ihr Kind in den nächsten zwölf oder dreizehn Jahren prägend sein wird und auch Steiner zufolge, irreparable Schäden anrichten könnte. Außerdem richtet sich das Buch an LehrerInnen, ErzieherInnen, SozialpädagogInnen und DiplompädagogInnen, sowie an alle, die in Waldorfeinrichtungen arbeiten oder sich dafür interessieren. Ebenso an LehramtsstudentInnen, die, wie ich damals, mit dem Gedanken spielen, an einer „Freien Waldorfschule" unterrichten zu wollen und damit in die Fänge der AnthroposophInnen und ihrem religiösen Meister gelangen würden.

Vorab habe ich eine kurze, kritische Biografie über den Gründer Rudolf Steiner vorangestellt, da die Schule von ihm und seiner Anthroposophie bis heute geprägt wird.

Rudolf Steiner, eine kritische Kurzbiografie

„Gespräch mit Dr. Steiner. Das Beisammensein mit ihm erinnert mich immer an jene Geschichte von dem Besucher einer Irrenanstalt, der durch einen sehr versierten, sehr gescheiten, sehr angenehmen Menschen herumgeführt wird, weshalb er ihn für den Arzt der Anstalt hält. Zum Schluß stellt derselbe ihm noch einen Patienten vor, indem er sagt: ,Die Krankheit dieses Menschen besteht darin, daß er sich für den Kaiser von China hält – und das bin doch ich, wie Sie sehen!' Unsere Gespräche stimmen solange überein, bis er auf sich und seine Tätigkeit zu sprechen kommt – da wird er plötzlich der Kaiser von China. "[5]

Rudolf Steiner wurde am 25. 2. 1861 in Kraljevec an der österreichisch-ungarischen Grenze geborgen, heute Kroatien. Eigentümlicherweise gibt Steiner selbst aber in seiner Autobiografie den 27. 2. 1861 als das Datum seiner Geburt an, obgleich das eigentlich nur das Datum seiner katholischen Taufe gewesen war, wie Lindenberg schreibt.[6] Vielleicht wollte er damit im Nachhinein die Bedeutsamkeit seiner religiösen Weihe unterstreichen. Sein Vater war ein Bahntelegrafist und wurde mehrfach versetzt, so dass Steiner oft umzog. Er war das älteste von drei Kindern und wurde nirgends recht heimisch. Er berichtet in seinem Lebensgang, dass er sich auch im Elternhaus oftmals als „Fremdling" fühlte und keinen „Anteil an dieser Umgebung" nahm.[7] Als Kind will Steiner bereits ein hellsichtiges Erlebnis gehabt haben, wie er in seiner Autobiografie berichtet. Er fühle sich oft einsam und verlassen und flüchtete deshalb in die Geometrie, die ihm Trost verschaffen sollte. „Rein im Geiste etwas erfas-

---

[5] Rosa Mayreder, Feministin und Freundin von Rudolf Steiner, zitiert nach: Harriet Anderson, Hrsg., Rosa Mayreder, Tagebücher 1873-1937, Frankfurt a.M. 1988, S. 180 f.

[6] Lindenberg, a.a.O.

[7] Rudolf Steiner, Mein Lebensgang, TB-Ausgabe, Bd. 636 (GA 28), Dornach 1982, S. 22

sen zu können, brachte ihm das höchste Glück." Er berichtet sogar davon, dass er in der Geometrie das Glück zuerst kennen gelernt habe.[8] Immer häufiger lebte er in der anderen Welt, isoliert von seinem sozialen Umfeld. „Ich lebte ohne Anteil an dieser Umgebung. Ich sah sie; aber ich dachte, sann und empfand eigentlich fortwährend mit jener anderen Welt."[9]

Nach seinen späteren Empfehlungen als Pädagoge (ohne jemals ein pädagogisches Studium oder Examen gemacht zu haben) würde er selbst ein Kind, dass von sich selbst behauptete, in der Geometrie das höchste Glück zu empfinden, als anormal oder geschädigt bezeichnen. Denn die frühzeitige Beschäftigung mit Geometrie passt keinesfalls in die Entwicklungslehre Steiners und damit in die Waldorfpädagogik. Ganz im Gegenteil: AnthroposophInnen glauben felsenfest, dass die physischen Bedingungen des Knochenbaus eines jüngeren Kindes noch nicht so gestaltet sind, dass es die Geometrie verstehen könnte. Die zu frühe Beschäftigung mit dieser Materie schädige daher Leib und Seele. Somit war Steiner, seiner eigenen Pädagogik zufolge ein an Leib und Seele geschädigtes Kind. Deshalb wird oft genug betont, dass für ein zehnjähriges Kind ausschließlich die Betonung des „Anschaulich-Schönem" und eine sinnvolle Ausgestaltung mit den Sinnen entwicklungsgemäß und förderlich sei.

Steiner besuchte bis 1872 die Dorfschule, dann die Oberrealschule in der Wiener Neustadt, damals ein naturwissenschaftliches Gymnasium. Früh machte er sich Gedanken über das Leben und die Welt. 1879 machte er sein Abitur und studierte an der Technischen Hochschule in Wien Mathematik, Naturgeschichte und Chemie. Besonders interessierten ihn die naturwissenschaftlichen Forschungsmethoden Goethes. Im übrigen vertrat Goethe die Vorstellung einer „Urpflanze" als übersinnliches Wesen, das alle einzelne Pflanzen als übergeordnete Idee schon enthält. Die einzelne Pflanze wäre somit nur eine Metamorphose dieser Urpflanze. Der Geist der Pflanze wäre damit das prägende Prinzip. Diese Vorstellung greift Steiner später, wie so viele andere, auf und verarbeitet es in seiner Anthroposophie, allerdings ohne den Urheber zu benennen.

---

[8]   ebd.
[9]   ebd., S. 22

Mit Anfang 20 erhält Steiner den Auftrag (1882), die naturwissenschaftlichen Schriften Goethes zu kommentieren. Nach einem Jahr brach er jedoch seine Studien ab und trat 1884 als Hauslehrer in den Dienst einer jüdischen Kaufmannsfamilie (Specht), um den jüngsten Sohn zu unterrichten. Er litt an einem Wasserkopf, das war eine Krankheit, bei der sich im Gehirn eine größere Menge Gehirn-Rückenmarks-Flüssigkeit ansammelte. Nach jahrelanger intensiver Beschäftigung mit dem Jungen, gelang es Steiner, eine Verbesserung seines Gesundheitszustandes herbei zu führen, so dass dieser später sogar sein Abitur machte. Vielleicht hätte sich Steiner nur auf diesen Schwerpunkt später konzentrieren und lediglich eine Waldorfpädagogik für Behinderte entwickeln sollen, ohne gleichzeitig eine Pädagogik für normale Kinder entwickeln zu wollen. Denn die heilpädagogischen Waldorfschulen für SonderschülerInnen sind um Einiges besser als die „normalen" Waldorfschulen, die den Anspruch erheben, „Erziehungskunst" zu sein. Seine durch Schauungen entwickelte Pädagogik will dagegen den ganzen Menschen ansprechen, soll eine ganzheitliche Menschenkenntnis sein.

1890 zieht Steiner nach Weimar und gibt die naturwissenschaftlichen Schriften Goethes heraus, die er auch kommentieren durfte. Das brachte ihm Ruhm und Ehre ein. 1897 lebt er wieder in Berlin und hält 1898 an der Berliner Arbeiterbildungsschule Vorträge für Arbeiter und lernt die Bandbreite der marxistischen Theorien kennen.[10]

Außerdem war er als freier Journalist tätig und veröffentlichte z.B. in der Zeitschrift „Deutsche Worte" einige Artikel. 1899 heiratet Steiner dann die Witwe Anna Eunike, bei der er in Weimar zunächst Untermieter gewesen war und die er dort weiterhin besuchte. Steiner hatte sich in Weimar damals oft allein und einsam gefühlt. Auch wenn er Kontakte zu Philosophen und Literaten hatte, gesteht er Anna Eunike, seiner ersten Frau, diese Gefühle in seinen Briefen ein. Sie brachte fünf Kinder mit in die Ehe. Das Glück für Anna währte jedoch nicht lange, da er ein Jahr später in Berlin bereits seine zweite, spätere Ehefrau kennen lernte, Marie von Sievers. Sie führte ihn als junge, wohlhabende Schauspielerin und als

---

[10] Lindenberg, a.a.O., Bd. 1, S. 160

Baltendeutsche auch in die Theosophischen Gesellschaft ein, die von der Russin Helena Petrovna Blavatsky angeführt wurde. Sievers und Steiner heirateten jedoch erst 1914. Bis dahin begleitete sie ihn als Managerin und rechte Hand. Er wohnte bereits seit langem (1897), schon vor seiner Ehe, in Berlin und arbeitete dort in verschiedenen Gesellschaften mir. Obgleich er wenige Monate zuvor in einer Arbeiterzeitung noch sehr abfällig über die „Theosophen" und die Theosophische Gesellschaft geschrieben hatte, übernahm er jetzt genau für diese Gesellschaft selbst für Deutschland als Generalsekretär den Vorsitz. Viele Gedanken von Blavatsky nahm er für seine spätere Anthroposophie auf, wieder ohne seine Quelle zu benennen.[11] 1913 gründete er selbst die Anthroposophische Gesellschaft und stieg aus der Theosophischen Gesellschaft aus. Ein Hauptgrund für den Austritt war, dass er die Ausrufung des Krishna Murti als wiedergekommener Jesus Christus, nicht mehr mitmachen konnte. Viele AnhängerInnen taten dasselbe und folgten ihm.

Er gründet dann einige Jahre später in Dornach das erste Goetheanum, zunächst einen anthroposophischen Tempel aus Holz, an dem die Künstlerin Edith Maryon sehr viel geschnitzt hatte, ganze Skulpturen und Säulenkapitelle. All dies fiel einem Brand in wenigen Stunden zum Opfer. Sie wurde möglicherweise auch deshalb sehr krank und verstarb kurze Zeit später. Schließlich hatte sie zehn Jahre ihres Lebens für die aufwendigen Schnitzarbeiten im Goetheanum vergeudet, die in einer Nacht zu Asche wurden.

Steiner und die Frauen

Steiner ist von sehr vielen Frauen in seinem Umfeld inspiriert worden, manchmal hat er auch schlichtweg ihr geistiges Gedankengut (ohne einen Hinweis, wie z.B. bei Blavatsky oder Rosa Mayreder) geklaut und auf seine Weise ausgeformt. Warum, so könnte man fragen, haben sich Frauen nicht auch damals schon, dagegen gewehrt. Die Antwort ist relativ einfach. Es war eine andere Zeit, Frauen bekamen erst 1918 in Deutschland

---

[11] vgl. Cornelia Giese, Rudolf Steiner und die Frauen, 2008

das Wahlrecht und an deutschen Universitäten wurden sie erst in den 20er Jahren zugelassen. Aufgrund ihrer fehlenden Emanzipation hatten die meisten daher nur die Chance, in eine Ehe oder in ein Kloster zu gehen. Eine noch unattraktivere Möglichkeit war, in den Dienst eines „aristokratischen oder begüterten" Haushalts als „Zofe" einzutreten, oder aber als „alte Jungfer" zu verkümmern.

Steiner dagegen bot unabhängigen und intelligenten Frauen, die einen individuellen Lebensweg gehen wollten, eine verlockende Alternative. Mit seinem Goetheanum in Dornach schuf er zusammen mit seiner zweiten Frau Marie von Sievers, ohne die er gar kein anthroposophischer Menschenführer und Religionsstifter geworden wäre, eine spirituelle Gemeinschaft, eine Art esoterisch ausgerichtete Kommune. Das war damals revolutionär. Hier bestanden viele Möglichkeiten, sich auf kreative Weise auszuleben. Es gab Malgruppen, Eurythmiegruppen (Eurythmie – ein anthroposophisches Tanzen), Theatergruppen, Sprachgestaltungsgruppen und vieles mehr. Auf einem riesigen Territorium, lebte man in kleinen Häuschen zusammen und arbeitete für dieselbe geistige Richtung, für einen Menschheitstraum: Für die Höherentwicklung des Menschen, für seine geistige und seelische Veredelung. Wer hätte nicht gerne bei diesem Traum selbst mitgemacht und sich gleichzeitig damit eine besondere Weihe verliehen. Infolgedessen gingen die Frauen mit Steiner eine ideale „Austauschbeziehung" ein, sie waren froh, wenn er ihnen zuhörte und die Dinge dann noch einmal, manchmal verändert, manchmal auch unverändert, den anderen anthroposophischen „Gemeindemitgliedern" offenbarte. So trugen viele Frauen ihr Geld, ihre Zeit und ihre Fähigkeiten reihenweise nach Dornach und siedelten sich in der Nähe an, um ihr Leben in den Dienst Steiners und seiner Anthroposophie zu stellen: So z.B. Ita Wegmann, eine Ärztin, die später die Misteltherapie gegen Krebs entwickelte, auf die heute die AnthroposophInnen so stolz sind; Edith Maryon, die Künstlerin, die am ersten Goetheanum mitwirkte und die noch heute erhaltene Christusfigur in Dornach (den Menschheitsrepräsentanten) mit schnitzte. Zu nennen wäre auch Lory Meier Smits, die Schöpferin der Eurythmie und Elisabeth Vreede, die Archivarin (von Steiners Reden und Vorträgen) und Astrosophin, die mit ihrer Freundin auf dem Gelände lebte. Natürlich gab es noch weitere Förderinnen, wie Sophie Stinde, Mabel Collins, Alice Sauerwein und viele viele andere. Einige davon stelle ich ausführlich in meinem Buch „Rudolf Steiner und die Frauen" (2008) dar und beschreibe ihre fast symbiotischen Verbindungen mit Steiner.

Den größten Einfluss hatte jedoch seit 1900 seine zweite Frau „Marie von Sievers" auf ihn. Unglücklicherweise lernte sie ihn erst ein Jahr nach der Eheschließung mit seiner ersten Frau kennen. Sie wich ihm aber seitdem nicht mehr von der Seite, obwohl er sie erst 1913 ehelichte, nachdem seine erste Frau 1911 verstarb, die den großen Kummer mit Marie von Sievers nie so richtig überwand.[12] Zunächst war Sievers seine Managerin und Beraterin, die mit ihren finanziellen Möglichkeiten (sie kam aus einer begüterten, baltendeutschen Familie) etliche Kontakte hatte, ihn in Berlin in die höhere Gesellschaft einführte und auch Kontakte ins Ausland herstellte. Sie, die sie fünf Sprachen sprach, war seitdem im Ausland auch Steiners Sprachrohr, der nicht einmal Englisch konnte. Ihr ist zu verdanken, dass sie Stenotypistinnen einstellte, die über 4500 Vorträge und Reden von seinen 6000 mitschrieben.

Steiner als Scharlatan und Plagiator?

Zunächst stellt sich mir die Frage, wie kann ein „Hellseher ohne angeblichen Bruch in seiner Biografie", der noch als Journalist einen sarkastischen und ziemlich kritischen Artikel über die Theosophen abgefasst hat, ein paar Jahre später für diese arbeiten und dort in ihrem Namen Vorträge halten? Steiner äußert sich 1897, drei Jahre vor seinem Eintritt in diese Gesellschaft, in einem Literaturmagazin vollkommen verständnislos über die Theosophen:

„[...] Vor kurzem ist eine Übersetzung des tiefsinnigen indischen Gedichtes ‚Bhagavad-Gita' von Franz Hartmann erschienen. Das Gedicht enthält die tiefsten Erlebnisse, die die Auserwählten, die Priesternaturen

---

[12] Lindenberg schreibt, dass sie sich 1904 entschließt, Steiner zu verlassen, weil sie die enge Zusammenarbeit mit Frau von Sievers missbillige. Lindenberg, a.a.O., S. 62, zitiert in: Juliane Weibring, Frauen um Rudolf Steiner, 1997

eines sinnigen Volkes in besonderen Zuständen hatten. Wie im Träume gingen diesen Priesternaturen die Lösungen derjenigen Lebensfragen auf, deren Beantwortung sie, ihrer Veranlagung nach, bedurften. Nicht durch abstraktes Denken, auf das wir Abendländer nun einmal angewiesen sind, **sondern durch mystisches Schauen, durch Intuition suchten diese orientalischen Wahrheitssucher zu ihren Zielen zu gelangen.** *Es wäre vergebens, wenn wir Abendländer es ihnen nachmachen wollten.* **Unsere Natur ist von der ihrigen verschieden; und deshalb muß auch der Weg ein anderer sein, auf dem wir zum Gipfel der Erkenntnis und zur Höhe einer freien Lebensführung gelangen. Nicht so denken die Theosophen. Sie sehen mit Achselzucken auf die ganze europäische Wissenschaft; lächeln über deren Verstandes- und Vernunftmäßigkeit und verehren die morgenländische Art des Wahrheitssuchens als die einzige. Oh, es ist köstlich, die überlegen sein sollende Miene zu beobachten, wenn man mit einem Theosophen in ein Gespräch kommt über den Wert abendländischer Erkenntnisse.** *‚Das ist alles Außenwerk‘; die ‚Vernunftgelehrten gehen nur um die Sache herum, und beschauen ihre Oberfläche‘; ‚wir hingegen leben in der Sache drinnen; wir leben sogar in Gott selbst drinnen; wir erleben die Gottheit in uns‘. So etwa sind die Redensarten, die man zu hören bekommt. Und man wird kaum davon kommen, ohne daß einem der Stempel eines ‚beschränkten Verstandesmenschen‘ aufgedrückt worden ist, wenn man nur mit wenigen Worten verrät, daß man von der Minderwertigkeit der abendländischen Wissenschaft doch nicht in gleicher Weise denken kann. Aber man tut nicht gut, ein solches Bekenntnis so bald abzulegen.* **Ich rate vielmehr jedem, der mit einem Theosophen zusammenkommt, sich zunächst vollständig gläubig zu stellen und zu versuchen, etwas von den Offenbarungen zu hören, die ein solcher von morgenländischer Weisheit vollgesogener Erleuchteter in ‚seinem Innern‘ erlebt. Man hört nämlich nichts; nichts als Redensarten, die den morgenländischen Schriften entlehnt sind, ohne eine Spur von Inhalt. Die inneren Erlebnisse sind nichts als Heuchelei. Es ist billig, Phrasen aus einer immerhin tiefsinnigen Literatur aufzunehmen, und mit ihnen die ganze abendländische Erkenntnisarbeit wertlos zu erklären.** *Welche Tiefe, welche Innerlichkeit* *in der angeblich dem oberflächlichen Verstande, dem äußerlichen Begriffe angehörigen Wissenschaft des Abendlandes steckt, davon haben die Theosophen keine Ahnung. **Aber die Art, wie sie von den höchsten Erkenntnissen sprechen, die sie nicht haben, die mystische Weise, in der sie unverstandene fremde Weisheit vorbringen, wirkt verführend auf nicht wenige Zeitgenossen.** Und die Theosophische Gesellschaft ist über ganz Europa verbreitet, hat in allen größeren Städten ihre Anhänger; und die Zahl derer, die sich lieber dem dunklen Gerede vom Erleben der Gottheit im Innern zuwenden als der klaren, lichten, begrifflichen Erkenntnis des Abendlandes ist nicht gering. Dabei kommt den Theosophen zugute, daß sie in der Lage sind, gute Beziehungen zu den Spiritisten und ähnlichen sonderbaren Geistern zu halten. Sie sagen zwar auch von den Spiritisten, diese behandeln die Erscheinungen der Geisterwelt äußerlich; während sie selbst sie nur innerlich, ganz geistig erleben wollen. Aber sie lehnen es nicht ab, mit den Spiritisten Hand in Hand zu gehen, wenn es gilt, die freie, auf Vernunft und Beobachtung allein sich stützende Wissenschaft der Neuzeit zu bekämpfen."*[13] *(Hervorhebung von der Verfasserin, C.G.)*

Nun könnte man sagen, Steiner hat eine innere Wandlung mit durchgemacht, ist vom Saulus zum Paulus mutiert. Doch gerade diese Brüche in seiner Biografie wollen so viele fundamentalistischen AnthroposophInnen einfach nicht wahrhaben. Doch längst lassen sich diese Brüche in Steiners Biographie nicht mehr leugnen. Er hat einen enormen Wandel in der Zeit um 1900 gemacht, und zwar genau in der Zeit, als er Marie von Sievers, seine spätere zweite Frau, kennen lernte. Näheres dazu in meinem Buch „Rudolf Steiner und die Frauen" (2008). Diese innere Wandlung Steiners geht einher mit einer äußeren und mündet letztlich sogar in einer vielfachen Übernahme theosophischer Schriften unter seinem Namen, sowie zu einer vollständigen Gründung einer eigenen Religion.

„Die Geschichte der Religionen ist die Geschichte von religiösen Führern, die sich zu ProphetInnen ausgerufen haben und denen andere nachfolgten; es ist die Geschichte von Gruppierungen, die sich aus einem

---

[13] Rudolf Steiner, Das Magazin für Literatur 66, 1897, Sp. 1066 „Theosophen", zitiert nach: Leisegang, Die Grundlagen der Anthroposophie, Hamburg 19922, S. 48 ff.

Werte- und Bewußtseinswandel heraus von den vorher existierenden Religionen abgespalten und eigene Ideen verfolgt haben. *Propheten traten mit dem Anspruch auf, göttlichen Willen zu offenbaren.* Genau das tat Rudolf Steiner mit »seiner« Anthroposophie. *Auch er schuf seine religiöse Weltanschauung nicht aus einem luftleeren Raum.*[14] *Wie ich bereits in meinem ersten Buch (Die Frauen um Rudolf Steiner, 1997, C.G.) zur Anthroposophie*[15] *dargelegt habe, war er ebenfalls Sohn seiner Zeit, katholisch und zugleich freigeistig (sein Vater war ein Freigeist) erzogen und von einem nationalen Bewußtsein seiner Eltern und seiner Umgebung beeinflußt. In seiner Autobiographie (Mein Lebensgang, GA 238) macht er allein karmische Zustände dafür verantwortlich, daß er nicht Schüler eines Ordensgymnasiums wurde, dem er sich aber sehr nahe fühlte. Er behauptet sogar von sich: ,Wäre ich ins Zisterzienser-Gymnasium gekommen ..., ich wäre selbstverständlich Zisterzienser geworden.'*[16]*."*[17]

Die tiefe Verwurzelung Steiners in der Weimarer Republik und der Geschichte der Theosophie hat jedoch keiner so gründlich und umfassend dargestellt, wie Helmut Zander in seinem enzyklopädischen Mammutwerk (1.800 Seiten) und seiner Habilitationsschrift „Anthroposophie in Deutschland" (2007). Zander hat ferner eine Systematik in einige Ausgaben seiner Schriften gebracht und nachgewiesen, dass er anfangs als Schüler und Generalsekretär der theosophischen Gesellschaft, die Werke der damaligen FührerInnen (Annie Besant, Helen Blavatsky u.a.) in weiten Teilen abgeschrieben und mit „seiner" Christologie unterfüttert hat.

---

[14] vgl. Jakob Wilhelm Hauer, Werden und Wesen der Anthroposophie, Eine Wertung und eine Kritik, Stuttgart 1922; Karl Hövels, Beiträge zur Kritik der anthroposophischen Welt- und Lebensanschauung und kritische Beleuchtung der anthroposophischen Unterrichtslehre, Kaldenkirchen 1926; Richard Geisen, Anthroposophie und Gnostizismus, Darstellung, Vergleich und theologische Kritik, Paderborn, München, Wien, Zürich 1992; Barbara Zinke, Die Rezeption traditioneller Erzählinhalte durch die Anthroposophie, Diss., München 1979

[15] Juliane Weibring, a.a.O., 1997

[16] Rudolf Steiner, Esoterische Betrachtungen karmischer Zusammenhänge, 4. Bd.: Das geistige Leben der Gegenwart im Zusammenhang mit der anthroposophischen Bewegung (GA 238), Dornach 1991, 68 f.

[17] Juliane Weibring, Die Waldorfschule und ihr religiöser Meister, Diss., 1998, S. 129

Außerdem zeigt er auf, wie Steiner sich seiner geistigen Wurzeln entledigte, indem er sie nicht nur leugnete und sie kurzerhand als seine geistigen Schauungen ausgab, sondern sicherheitshalber auch noch umschrieb. Die Worte mancher Werke (wie z.b. in „seinem" Buch „Theosophie") tauschte er einfach aus. „Theosophie" wurde durch „Anthroposophie oder Geisteswissenschaft" ersetzt. „Die ‚übersinnlichen' Inhalte seiner neuen Weltanschauung stammen aus der theosophischen Literatur." (Zander, Bd. 1, S. 569)

„Seit Herbst 1903 dürfte Steiner an seiner ersten Monographie gesessen haben, die im April oder Mai 1904 als ‚Theosophie' erschien. (...) Seit 1913, nach der Trennung von Besant, ersetzte er zwar den Begriff Theosophie bei Überarbeitungen seiner Schriften durch Anthroposophie oder Geisteswissenschaft, doch war diese Substitution bei dem Titel dieses prominenten Werkes nicht möglich."[18] Angesichts der Rezeption theosophischer Literatur kann man es als bewusste Verschleierung lesen, wenn Steiner bereits zu einem sehr frühen Zeitpunkt leugnete, in welchen theosophischen Abhängigkeiten er sich in Wahrheit befand. „Dies ist zwar im Rahmen seiner Stellung als Leiter und damit Lehrer der deutschen Sektion machtpolitisch plausibel, dürfte aber unterschlagen, daß die theosophische Literatur Steiner eine Lese-‚erfahrung' machen ließ, die er als eigenes Erlebnis ‚übersinnlicher Welten' deuten konnte."[19]

Zander hat deshalb den unwiderruflichen Nachweis erbracht, dass Steiners Werk in den historischen Kontext seiner Zeit eingebettet ist und ihn damit als sakrosankten und universalen Meister einer im wahrsten Sinne des Wortes „vom Himmel gefallenen Anthroposophie" entmystifiziert und entkernt. Er wirft nicht nur Licht auf die geistigen Mütter und Väter Steiners (z.B. auf Blavatsky, Goethe, Herbart, Bulwer-Lytton). Er zeichnet damit ebenfalls ein historisches Bild der Pädagogik des 19. Jahrhunderts nach, in der die Waldorfschule eine von vielen anderen „Versuchsschulen" war, von denen bis zum Ende der Weimarer Zeit etwa 500 existierten. Steiner hat daher mit „seiner" Pädagogik nicht nur aus dem Potpourri der damaligen Reformpädagogen, sondern auch aus dem Fun-

---

[18] Zander, Anthroposophie in Deutschland, Göttingen 2007, Bd. 1, S. 570
[19] ebd., Bd. 1, S. 572

dus der traditionellen Pädagogen wie Herbart und Ziller geschöpft, worauf auch schon Prange verwies.

„Es ist jedoch deutlich, dass die Intentionen Steiners und eines Herbartianers wie Ziller konvergieren: Beiden geht es in der Gesinnungspädagogik um die Abkehr vom bloßen Faktenlernen zugunsten der Persönlichkeitsbildung, die nicht mechanisch, sondern künstlerisch erfolgen solle."[20]

Zusammenfassend lässt sich daher sagen, dass die Waldorfpädagogik ein Konglomerat aus der klassischen Pädagogik (Herbart, Ziller), u.a. der Reformpädagogik, der Goetheschen Farbenlehre und der Theosophie ist. Wobei der Theosophie mit seiner Karmalehre im anthroposophisch verbrämten Gewande die größte Bedeutung zufällt. „Letztlich lassen sich mit Goethe nur einzelne Elemente der Waldorf-Pädagogik erklären, denn entscheidende Quellen liegen an anderen Stellen: in der klassischen und der Reformpädagogik, insbesondere aber in der Theosophie."[21] Somit resümiert Zander zu Recht: „Die Waldorfpädagogik ist eine theosophische Reformpädagogik." (ebd. 1395)

Steiner als Religionsstifter

Steiner hatte ein ambivalentes bis negatives Verhältnis zu den konfessionellen Kirchen, obgleich er sich nachweislich bei der Gründung seiner neuen Religion, der Christengemeinschaft, stark an die katholische Kirche anlehnte. „Die hinter Steiners Äußerungen stehende scharf antikirchliche Haltung, die nur ein Verhältnis der Überbietung zu den großen Kirchen zuließ, führte konsequenterweise zur Propagierung einer eigenen Kirchengründung, die Steiner im Gegensatz zu manchen anwesenden Theologen sofort ins Auge fasste."[22]

1921 war es soweit. Steiner gründete zusammen mit dem evangelischen Pfarrer Rittelmeyer die Christengemeinschaft.

---

[20] ebd., Bd. 2, S. 1420
[21] ebd., Bd. 2, S. 1395
[22] ebd., Bd. 2, S. 1620

Wie er dabei strategisch vorging, und welche Rolle dabei die Anthroposophie spielte, wird in folgendem Zitat deutlich:
„Dazu wird es notwendig sein, so viele Menschen, wie Sie können –
nicht von der Kirche, aber von denjenigen Menschen, die noch nicht sich
dazu entschließen können, aus der Kirche auszutreten, um mit Ihnen freie
Gemeinden zu gründen, herauszuretten aus der Kirche."[23] Die Neugrün-
dung sei *„mit dem Menschenmaterial zu bilden, das heute rein aus
Vorurteilen noch innerhalb der alten Kirche steht"*. (ebd. 1620)

Um dem „Menschenmaterial" etwas zu bieten, schrieb Steiner sogleich
das Fünfte Evangelium für diese neue anthroposophische Religion.[24] Es
besagt in etwa Folgendes: Da in den Evangelien von Lukas und Matthäus
im Neuen Testament von zwei verschiedenen Stammbäumen bei Jesus
berichtet wird, schlussfolgerte Steiner daraus, dass es dann auch zwei
Jesuskinder gegeben habe, die aber Maria und Josef als Eltern hatten,
nicht etwa auch noch zwei Marias und zwei Josef-Väter. Jedenfalls sah er
in seinen Schauungen, dass in dem „salomonischen" Jesus der iranische
Prophet und Priester Zarathrustra weiterlebte, während in dem anderen
„nathanischen" Jesus der indische Buddha sich inkarnierte.

Im Alter von zwölf Jahren starb der erste, der „salomonische" Jesus-
knabe, und die Seele des Zarathrustra ging auch noch in den nathanischen
Jesusknaben ein, so dass nun beide miteinander verschmolzen. Erst bei
der Taufe des bereits erwachsenen Jesu durch Johannes den Täufer ver-
ließ der Geist des Zarathrustra wieder den jungen Mann Jesu. Durch die
Taufe empfing Jesus seine eigentliche göttliche Christuswesenheit nach
Steiners Überlieferungen, im Christentum durch die weiße Taube (die
Sofia) symbolisiert. Somit feiern die Anthroposophen alljährlich am
6. Januar dieses Ereignis der Neugeburt der Christuswesenheit durch die
Taufe Jesu und das Verlassen des zarathrustrischen Geistes aus Jesu Körper. Bei der Kreuzigung, dem Mysterium von Golgatha, tropfte das Blut
Christi auf die Erde und „durchchristete" sie. Der physische Leib Jesu
verschwand nach der Abnahme seines Körpers in einer Erdspalte. Dieser

---

[23] Steiner (GA 342), 65, zitiert nach: Zander, a.a.O., S. 1620
[24] weitere Ausführungen dazu in Cornelia Giese, Rudolf Steiner und die Waldorfpädagogik, 2008

„Christusimpuls" (das tropfende Blut Christi auf die Erde) war für Steiner ein weltgeschichtlicher Wendepunkt. Er glaubte, dass mit dem Tod Christi die spirituelle Weiterentwicklung der Menschen beginnt, in Richtung vollkommener Vergeistigung. Die fundamentalistischen AnhängerInnen der Anthroposophie und der Christengemeinschaft glauben, dass Christus eines Tages wiederkommen wird, allerdings nicht als Mensch mit physischem Leib, sondern als Aura oder Ätherleib, der in der Erdatmosphäre verharrt.

Die Sakramente in der Christengemeinschaft ähnlich denen der katholischen Kirche, werden allerdings mit Asche, Wasser und Salz zelebriert. Sowohl Frauen als auch Männer dürfen hier PriesterInnen werden, die Sakramente verteilen und die Messe lesen, allerdings sitzen in den obersten Rängen wieder nur Männer, genauso wie in der katholischen Kirche. Frauen dürfen keine Erzoberlenker werden, wie es bei den AnthroposophInnen heißt.

Abschließend möchte ich an dieser Stelle Kurt Tucholsky wiedergeben, der über seine Begegnung mit Steiner schreibt:

„[...] Der Prophet sprach deutsch. Nach je zehn Minuten pausierte er, und dann übersetzte Jules Sauerwein [...] ins Französische [...]. Es ergab sich, aus dem verblasenen und in mißverstandener Terminologie abgefaßten Zeug herausgeschält dies: Der Mensch ist imstande, durch schärfste Konzentration zu drei Stufen der Erkenntnis vorzudringen: zu der imaginären, der inspirierten und der intuitiven. [...] Sein Gerede wimmelte von Fehlern: ob ein Bügeleisen wirklich heiß oder nur ‚eingebildet heiß' sei, zeige das Leben. Das ist falsch. Schon Charot hat herausgefunden, daß Hysterische sich am kalten Eisen ‚wirklich' verbrennen, und daß diese Empfindungen rein subjektiv sind. [...] Und der Dreigegliederte redete und redete. Und Sauerwein übersetzte und übersetzte. Aber es half ihnen nichts. Dieses wolkige Zeug ist nun gar nichts für die raisonablen Franzosen, die gerade in der Philosophie eine außerordentlich klare und präzise Ausdrucksweise lieben (daher sie selbst für die echten Mystiker wie Angelus Silesius nicht viel übrig haben). Neben mir saß ein alter Herr mit den vernünftigen, braunen Augen des gebildeten Franzosen: sie tränten ihm – so litt er unter der

Schläfrigkeit. Die Zuhörer schliefen reihenweise ein; daß sie nicht an Langerweile zugrunde gingen, lag wohl an den wohltätigen Folgen weißer Magie. Immer, wenn übersetzt wurde, dachte ich über diesen Menschen nach. Was für eine Zeit –! Ein Kerl etwa wie ein armer Schauspieler, der sommerabends zu Warnemünde, wenns regnet, im Kurhaus eine ‚Réunion' gibt, alles aus zweiter Hand, ärmlich, schlecht stilisiert ... und das hat Anhänger –! Wie groß muß die Sehnsucht in den Massen sein, die verlorengegangene Religion zu ersetzen! Welche Zeit –!"[25]

Steiner als Rassist?

In der Tat hat sich Steiner zu einigen ziemlich rassistischen Äußerungen hinreißen lassen. Hier die wichtigsten, die allesamt nachgewiesen sind und von denen man nicht sagen kann, dass sie aus irgendwelchen Zusammenhängen gerissen wurden, die diese Äußerungen dann doch noch rechtfertigen könnten, wenn man den gesamten Vortrag von ihm läse.

Selbstverständlich unterlag Steiner als Mann mit patriarchalem Weltbild dem traditionellen Zeitgeist. In ihm spiegelt sich auch ein Stimmungsbild der vergangenen Epoche wieder. Nicht anders sind die folgenden Äußerungen von ihm zu verstehen, die eindeutig im deutschnationalen Bewußtsein ihre Wurzeln haben. Das daraus resultierende rassistische Traditionsgut[26] möchten uns die meisten AnthroposophInnen heute gerne un-

---

[25] Kurt Tucholsky, Rudolf Steiner in Paris, in: ders., Deutsches Tempo, Texte 1911 bis 1932, Hamburg 1990, S. 361 ff.

[26] Das Werk Steiners ist einer anthroposophischen Studie zufolge nicht rassistisch, enthält aber diskriminierende Äußerungen. Das sagt ein in Den Haag vorgelegter Bericht einer unabhängigen Untersuchungskommission. Die Kommission war von der „Anthroposophischen Vereinigung" in den Niederlanden eingesetzt worden. „Die Kommission untersuchte Steiners Gesamtwerk und fand 145 Zitate, in denen von Rasse, Schwarzen oder Indianern die Rede ist. Zwölf Zitate wurden nach heutigen gesetzlichen Maßstäben als diskriminierend bezeichnet." (vgl. WAZ 34, 10.2.1998) Fest steht: Steiner hat sich gegenüber nicht-weißen Rassen diskriminierend geäußert und etwa amerikanische Indianer ‚unbrauchbare Menschen' genannt. Bei Schwarzen hat er stärkere niedrige (sexuelle) Triebe vermutet. „Heutzutage mache sich ein Autor solcher Zitate strafbar. Die Kommission verweist allerdings darauf, daß Steiner in manchen

terschlagen, um den Meister nicht in Mißkredit zu bringen. Das ist durchaus verständlich, es sollte aber dennoch nicht verdrängt, sondern bearbeitet werden. Es geht hier darum, bestimmte Äußerungen Steiners kritisch zu bewerten und an seinem mystifizierten Status als „Hellseher" mit einem moralischen Anspruch im Sinne eines „Welterlösers" zu kratzen. Denn seine folgende „Hymne" auf die Blondhaarigen und Blauäugigen ist als Ausdruck des damaligen nationalistischen Geistes der Weimarer Zeit zu verstehen, in der alles Deutsche und Arische hochgejubelt und gefeiert und alles Fremde und Ausländische ausgegrenzt wurde. Bemerkenswert ist an dieser Stelle nur, daß Steiner sich auch als angeblich besonders hochentwickelter Geist diesem diskriminierenden und rassistischem Einfluß angeschlossen und nicht entzogen hat.

So ließ er sich bedauerlicherweise auch als allgemein bekannter Menschenfreund und Christusinterpret zu folgenden Worten hinreißen:[27]

„Zuletzt würden nur mehr Braun- und Schwarzhaarige da sein können; aber wenn nicht abgeholfen wird, so bleiben sie zugleich dumm. Denn je stärker die Körperkräfte sind, desto weniger stark sind die seelischen Kräfte. Und die Erdenmenschheit würde vor der Gefahr stehen, wenn die Blonden aussterben, daß die ganze Erdenmenschheit eigentlich dumm würde [...] Die Menschen würden ja, wenn die Blauäugigen und Blondhaarigen aussterben, immer dümmer werden, wenn sie nicht zu einer Art Gescheitheit kommen würden, die unabhängig ist von der Blondheit. Die blonden Haare geben eigentlich Gescheitheit. Geradeso wie sie wenig in das Auge hineinschicken, so bleiben sie im Gehirn mit Nahrungssäften, geben ihrem Gehirn die Gescheitheit. Die Braunhaarigen und Braunäugigen, und

---

Aussagen möglicherweise dem in Deutschland aufkommenden Rassismus widersprechen wollte. [...] Inakzeptabel sei Steiners Darstellung der weißen Rasse in der Evolution. Die Kommission empfiehlt, den Lehrplan und den Unterrichtsstoff in Waldorfschulen für die Fächer Erdkunde und Völkerkunde auf stereotype Denkbilder gründlich zu überprüfen. Auch dürfe in niederländischen Waldorfschulen nicht mehr das Wort ‚Rassenkunde' benutzt werden." (ebd.)

[27] Diese Stellen wurde von mir dreimal in unterschiedlichen anthroposophischen Bibliotheken und Gesamtausgabebänden recherchiert, manchmal verschieben sich je nach Ausgabe die Seitenzahlen, doch an dem Text wurde nichts geändert!

die Schwarzhaarigen, die treiben das, was die Blonden ins Gehirn treiben, in die Augen und Haare hinein. Daher werden sie Materialisten, gehen nur auf dasjenige, was man sehen kann, und es muß das durch geistige Wissenschaft ausgeglichen werden. Man kann also eine Geisteswissenschaft haben in demselben Maße, als die Menschheit mit der Blondheit ihre Gescheitheit verliert [...] Denn es ist tatsächlich so, daß, je mehr die blonden Rassen aussterben, desto mehr auch die instinktive Weisheit der Menschen stirbt. Die Menschen werden dümmer."[28]

„Neulich bin ich in Basel in eine Buchhandlung gekommen, da fand ich das neueste Programm dessen, was gedruckt wird: ein [sic] Negerroman, wie überhaupt jetzt die Neger allmählich in die Zivilisation von Europa hereinkommen! Es werden überall Negertänze aufgeführt, Negertänze gehüpft. Aber wir haben ja sogar schon diesen Negerroman. Er ist urlangweilig, greulich langweilig, aber die Leute verschlingen ihn. Ja, ich bin meinerseits davon überzeugt, wenn wir noch eine Anzahl Negerromane kriegen, und wir geben diese Negerromane den schwangeren Frauen zu lesen, in der ersten Zeit der Schwangerschaft namentlich, wo sie heute ja gerade solche Gelüste manchmal entwickeln können – wir geben diese Negerromane den schwangeren Frauen zu lesen, da braucht gar nicht dafür gesorgt zu werden, daß Neger nach Europa kommen, damit Mulatten entstehen; da entsteht durch rein geistiges Lesen von Negerromanen eine ganze Anzahl von Kindern in Europa, die ganz grau sind, Mulattenhaare haben, die mulattenähnlich aussehen werden."[29]

„Nicht etwa deshalb, weil es den Europäern gefallen hat, ist die indianische Bevölkerung ausgestorben, sondern weil die indianische Bevölkerung die Kräfte erwerben mußte, die sie zum Aussterben führten."[30]

---

[28] Rudolf Steiner, Vortrag von 1923 für die Arbeiter des Goetheanums, in: Über Gesundheit und Krankheit (GA 348), Dornach 1983, S. 103

[29] ebd., S. 189

[30] Rudolf Steiner, Die Mission einzelner Volksseelen im Zusammenhange mit der germanisch-nordischen Mythologie (GA 121), Dornach 1962, S. 75

Diese Zitate des Meisters, so könnte man meinen, ist den heutigen AnthroposophInnen eher peinlich und sie distanzieren sich davon. Doch weit gefehlt, auf der Homepage einer Düsseldorfer Waldorfschule konnte ich einen Link (2008) finden, hier verteidigen die führenden Anthroposophen Hans-Jürgen Bader und Lorenzo Ravagli diese Aussagen Steiners, oder versuchen sie sogar noch in peinlicher Weise schön zu reden. Sie schreiben genau zu diesen Steinerzitaten: „Mit derselben vorschnellen Zuordnung, mit der man aus Steiner scherzhaft gemeinten Bemerkung über Mulattenkinder einen Rassismus konstruieren will, könnte man aus anderen Darlegungen des Vortrags ableiten, Steiner habe gut geheißen, dass Männer gewohnheitsmäßig ihre Frauen verprügeln, um sich zu vergnügen. In Wahrheit handelt es sich dabei um illustrative Geschichten, die den Grundgedanken des Vortrags möglichst nahe am Auffassungsvermögen seiner Zuhörer – den Arbeitern am Goetheanum in Dornach – entwickeln wollen: dass Schwangere mit besonderer Rücksicht zu behandeln sind, die sich nicht nur auf die körperliche Verfassung der Frauen, sondern auch auf deren Seele beziehen muss. Diese Bemerkungen enthalten für die damalige Zeit höchst avantgardistische Hinweise auf die Bedeutung des Seelenlebens von Schwangeren für die Entwicklung des Fötus."[31]

Dabei handelt es sich um eine neu bearbeitete Auflage von 2005! Dieser Ignoranz kann man nichts mehr hinzufügen, allerdings bleibt es erschreckend zu sehen, wie groß das Bedürfnis der AnhängerInnen immer wieder ist, an den sakrosankten Führer, den ethisch hoch stehenden Meister, keinen Kratzer kommen zu lassen. Und seine rassistischen Äußerungen mit dem Begriff avantgardistisch zu umschreiben, darauf muss man erst mal kommen!

---

[31] Hans-Jürgen Bader/Lorenzo Ravagli/Manfred Leist, Die Überwindung des Rassismus durch die Anthroposophie, Rassenideale sind der Niedergang der Menschheit, 2. neu bearbeitete Aufl. 2005, „Auch Neger sind Menschen", S. 3. Zu beziehen bei: Bund der Freien Waldorfschulen, Stuttgart, auf der Homepage:
www.waldorfschuleduesseldorf.de
unter dem Link: waldorfschule.info/upload/pdf/rassismus_flyer.pdf

Weitere Ausführungen zu dem Thema in meinem Buch „Rudolf Steiner und die Waldorfschule".

Es ist vollkommen verständlich, dass die rassistischen Äußerungen Steiners über die Juden den Zentralrat der Juden im Verbund mit den Linken in den 80er Jahren auf den Plan riefen. Es wundert mich nur, dass sie so lange brauchten, um diese Aussagen Steiners zu entdecken. So fühlen sie sich m. E. zu recht von Steiners Worten diskriminiert und üben Kritik u.a. an folgenden Sätzen: *„Das Judentum als solches hat sich aber längst ausgelebt, hat keine Berechtigung des modernen Völkerlebens, und dass es sich dennoch erhalten hat, ist ein Fehler der Weltgeschichte, dessen Folgen nicht ausbleiben konnten. Wir meinen vorzüglich den Geist des Judentums, die jüdische Denkweise."*[32]

Ebenso verständlich ist es, dass die Juden von den heutigen AnthroposophInnen eine Distanzierung zu diesen Äußerungen Steiners fordern, die die deutschen AnthroposophInnen (im Gegensatz zu den Niederländern) bis heute verweigern und sich stattdessen in irgendwelche Ausflüchte versteigen. Dennoch kann man nicht aufgrund dieser rassistischen Aussagen, so schlimm sie auch sind, die gesamte Waldorfpädagogik als antisemitisch und die in ihr arbeitenden AnthroposophInnen als rassistisch verunglimpfen und in die rechte Ecke stellen, wie dies leider auch ein paar linke KritikerInnen tun. Richtig, da sachdienlich, wäre es dagegen, wenn man die Anthroposophie unter die völkischen Lehren der Kaiserzeit und der Weimarer Republik subsumieren würde. Man müsste ihnen allerdings heute einräumen, dass ein nationalsozialistisches, sozialdarwinistisches und antisemitisches Muster KEINEN zentralen Stellenwert in der Unterrichtspraxis einnimmt. Nicht mal bei den einzelnen anthroposophischen WaldorflehrerInnen, die vor lauter Arbeit oftmals gar nicht dazu kommen, überhaupt zu lesen, geschweige denn den schwerverdaulichen Einsichten eines kokainsüchtigen Steiners (vgl. mein Buch: Rudolf Steiner und die Frauen) zu folgen. Auch wenn man Steiner als Wegbereiter für den Faschismus sehen möchte, muss man fairer Weise die Stellen

---

[32] Steiner 1888, Gesamtausgabe Band 32; aus: Gesammelte Aufsätze der Literatur, Dornach 1971 (GA 32), S. 152 f.

bei Hitler mit zitieren (die gerne weggelassen werden, vielleicht weil man sie nicht kennt, oder nicht kennen will), die es ja auch gibt und in denen **Hitler Rudolf Steiner explizit erwähnt** und seine Dreigliederungslehre als **„jüdische Methoden zur Zerstörung der normalen Geistesverfassung der Völker ...“**[33] bezeichnet. Schließlich hat Hitler die Waldorfschulen verbieten lassen, denn welcher Führer und absolute Herrscher duldet schon einen anderen Führer neben sich, der noch dazu behauptet, mit jenseitigen Welten verbunden zu sein und Hellsehen zu können? Sehr bedauerlich finde ich daher, dass die ansonsten berechtigte Kritik aus dezidiert linksökologischer Perspektive mancher Autoren die Anthroposophie und Waldorfpädagogik nur an der Oberfläche berührt, um die eigene linke Ideologie dagegen zu halten, sowie bestimmte Gruppen zu stigmatisieren. Schade deshalb, weil sie ja zu Recht Kritik üben, doch leider nicht ohne ihre eigene politisch motivierte und ebenfalls ideologisierte Botschaft.

Steiner als Okkultist

Um nachzuweisen, ob Steiner ein Okkultist war oder nicht, lassen wir ihn hierzu am besten selbst zu Wort kommen. In einem Gespräch mit seiner zweiten Frau Marie von Sievers, die ihn auch in die theosophische Gesellschaft einführte, fragte sie Steiner, ob es nicht bald notwendig sei, eine eigene Bewegung in Europa ins Leben zu rufen. Darauf antwortete Steiner ihr:

„Gewiß, notwendig ist es, eine geisteswissenschaftliche Bewegung ins Leben zu rufen; ich werde mich aber nur finden lassen für eine solche Bewegung, die an den abendländischen Okkultismus, und ausschließlich an diesen anknüpft, und diesen fortentwickelt.“[34]

---

[33] Adolf Hitler, zitiert nach: Arfst Wagner, Beiträge zur Dreigliederung des sozialen Organismus, Dokumente und Briefe zur Geschichte der Anthroposophischen Bewegung und Gesellschaft in der Zeit des Nationalsozialismus, Bd. 1, Allgemeine Anthroposophie, Rendsburg 1991, S. 95

[34] Rudolf Steiner, zitiert nach: Gerhard Wehr, Rudolf Steiner, Freiburg i. Br. 1982, S. 164

Es ist mittlerweile von mehreren Autoren nachgewiesen, dass Steiner Rosenkreuzer[35] war und zusätzlich als Großmeister dem O.T.O (Ordo Templi Orientis) angehörte. „Es kann als erwiesen und unbestreitbar gelten, dass Rudolf Steiner (...) Großmeister des O.T.O war."[36]

Im Zentrum dieses Ordens standen u.a. sexualmagische Yogapraktiken, die man von amerikanischen Tantrikern übernommen hatte. „Durch den rituellen Geschlechtsakt sollte auch beim O.T.O eine Verbindung der gegensätzlichen weiblichen und männlichen Kräfte erzielt werden, woran die ihn Praktizierenden spirituell wachsen sollten. In dieser tantrischen Methode sah Reuß in gewisser Weise eine Wiederholung des urreligiösen Geschlechtskultes zur Gewinnung von Gotteskraft auf irdischer Ebene. 1912 wurde der wohl umstrittenste Okkultist, Satanist und einstiges Mitglied des schwarzmagischen Ordens ‚The Golden Drawn', Aleister Crowley (1875 bis 1947) in den O.T.O aufgenommen."[37]

Inwieweit Steiner letztlich die sexualmagischen Praktiken selbst vollzogen hat, bleibt letztlich offen. Dass er darüber als Großmeister Kenntnis hatte, davon ist sehr stark auszugehen.[38]

---

[35] „Unter dem Begriff der ‚Rosenkreuzer' sind heute zahlreiche okkultistische Bewegungen und Geheimbünde zusammengefasst, die nur teilweise miteinander in Verbindung stehen. Der Name der Bewegung geht auf den angeblich im 14. Jahrhundert von Christian Rosencreutz begründeten okkultistisch-theosophischen Geheimorden zurück. Rosencreutz soll gemäß der Überlieferung der Rosenkreuzer die hermetischen Wissenschaften (Geheimwissenschaften) im Nahen Osten kennen gelernt und niedergeschrieben haben. (...) so etwa die Übereinstimmung und Harmonie von Mensch und Kosmos, wie sie auch in Steiners Weltanschauung zu finden ist. (...) Zentrales Thema dieser Schrift ist der siebenstufige Einweihungsweg des Titelhelden, der von seinen Jüngern nachgeahmt werden soll. Auch bei Steiner verläuft der Einweihungsweg über sieben Pfade und Stufen." Susanne Lippert, Steiner und die Waldorfpädagogik, Mythos und Wirklichkeit, 2001, S. 136

[36] Thomas Höfer, Wasch mich, aber mach mich nicht nass! Rudolf Steiner und der O.T.O, in: Flensburger Hefte, Heft 33, 6/91, Flensburg 1991, S. 171

[37] Lippert, a.a.O., S. 138

[38] näheres darüber bei Lippert, aber auch bei den Brüdern Grandt, oder in Cornelia Giese, Rudolf Steiner und die Waldorfschule, 2008

Steiner als Morphinist und Koks-Schnüffler

Wie ich bereits in meinem Buch Rudolf Steiner und die Frauen dargestellt habe, gibt es mehrere Hinweise darauf, dass Steiner zu Beginn
Morphium[39] und später dann Schnee, also Kokain, eingenommen hat.
Dies war damals nicht mit dem Makel „Rauschgift" belegt und auch noch
nicht kriminalisiert. Kokain wurde deshalb oftmals in Künstlerkreisen
wie Salzstangen herumgereicht, weil man seine berauschende und anre-
gende Wirkung schätzte. Außerdem beweist ein Blick in die Medizingeschichte der 20er Jahre, dass Kokain auch bei Zahnschmerzen, Migräne
und anderen Wehwehchen von Ärzten ohne Probleme verschrieben wurde. Dass deshalb Briefe existieren, in denen Steiner seine Bildhauerin
Edith Maryon um Schnee bittet, war damals nichts Ungewöhnliches.
„Meine liebe Edith Maryon! (...) Ich muss mich darauf verlassen, dass der
Schnee (Schnupftabak) brieflich kommt."[40] Als ich dieses Zitat das erste

---

[39] Seine Ausführung über einen Morphinisten in *seinem* „Lebensgang" könnten erklären,
daß er sich vielleicht mit Kokain vom Morphin zu heilen versuchte. Es war nämlich
üblich, Kokain zur Heilung Morphiumsüchtiger einzusetzen. So könnte es doch sein,
daß Steiner in seiner Autobiographie ,verschlüsselt' (über den Morphinisten in der
dritten Person) über sich selbst schreibt: „Meine Freundin [Pauline Specht J.W.] war
mit Dr. Breuer von Jugend an befreundet. Vor mir steht da eine Tatsache, die mir viel
zu denken gegeben hat. Diese Frau dachte in einer gewissen Richtung noch medizini-
scher als der so bedeutende Arzt. Es handelte sich einmal um einen Morphinisten.
Dr. Breuer behandelte ihn. Die Frau sagte mir einmal das Folgende: ,Denken Sie sich,
was Breuer getan hat. Er hat sich von dem Morphinisten auf Ehrenwort versprechen
lassen, daß er kein Morphium mehr nehmen werde. Er glaubte damit etwas zu erreichen; und er war entrüstet, als der Patient sein Wort nicht hielt. Er sagte sogar: wie
kann ich jemand behandeln, der sein Wort nicht hält. Sollte man glauben – so sagte
sie –, daß ein so ausgezeichneter Arzt so naiv sein könne. Wie kann man etwas ,in der
Natur' so tief Begründetes durch ein Versprechen heilen wollen?' – Die Frau braucht
doch nicht ganz recht gehabt zu haben; des Arztes Ansichten über Suggestionstherapie
können da zu einem Heilungsversuche mitgewirkt haben; aber man wird nicht in Ab-
rede stellen können, daß der Ausspruch meiner Freundin von der außerordentlichen
Energie spricht, mit der sie in merkwürdiger Art aus dem Geiste heraus sprach, der in
der Wiener medizinischen Schule lebte gerade zu der Zeit, in der diese Schule blühte.
Diese Frau war in ihrer Art bedeutend; und sie steht als bedeutende Erscheinung in
meinem Leben darinnen." Steiner, Mein Lebensgang (GA 28), S. 196
[40] Rudolf Steiner/Edith Maryon, Briefwechsel (GA 263/1), S. 125, in: Juliane Weibring,
a.a.O., 1997, S. 163

Mal las, stolperte ich allerdings sofort darüber, dass die Nachlassverwaltung und damit seine AnhängerInnen hinter das Wort Schnee eigenständig „Schnupftabak" hinzu setzten. Denn heute weiß jedes Kind, dass mit Schnee Kokain bezeichnet wird und nicht Schnupftabak. Doch dass kein Anthroposoph und keine Anthroposophin an dieser Stelle stutzig wurde, zeigt doch, wie tief die Gehirnwäsche gediehen ist, zusammen mit dem Wunsch, dass alles so richtig ist, was der „Meister" gemacht und getan hat und keine Brüche in seiner Biografie zugelassen werden, die in irgendeiner Weise an der Integrität des spiritus rector (geistiger Führer) kratzen könnten.

Und somit kann Steiner weiterhin von vielen seiner Anhänger zum „Heiligen" (Steffen 1927), zum „Menschheitsführer" (Ita Wegmann u.a.) und zum „Gottesfreund" stilisiert werden.

Ich bin dagegen der Meinung, dass Steiner ein Mann war, der eine besonders starke charismatische Ausstrahlung (besonders auf Frauen) hatte, die er geschickt einsetzte, um damit seine anthroposophische Philosophie entwickeln und ausbauen zu können. Wahrscheinlich glaubte er irgendwann selbst an seine auserwählte und Menschheitsrettende göttliche Bestimmung, zu jedem Thema und jeder auch noch so alltäglichen Fragestellung seine „geweihte" und damit maßgebliche Meinung abgeben zu müssen.

Er starb am 30. März 1925, vielleicht an Magenkrebs oder einer anderen Krebserkrankung, da es dann ebenfalls zur Auszehrung und starken Gewichtsabnahme kommt – AnthroposophInnen bestreiten das. Genau wissen wir es nicht, weil sich Steiner nicht untersuchen ließ und auch seine Vertraute und Ärztin Ita Wegmann wochenlang brauchte, um überhaupt an ihn heran zu kommen und ihn zu untersuchen. Sie wird ihm allerdings Medikamente verabreicht haben, die seine Schmerzen linderten, aller Wahrscheinlichkeit nach Morphium und/oder Kokain. 1920 wird erst das deutsche Betäubungsmittelgesetz verabschiedet. (Auch wenn Morphium seit 1901 auf Rezept verordnet werden musste.) Und das Opiumgesetz tritt sogar erst fünf Jahre nach Steiners Tod 1929 in Kraft, welches auf die völkerrechtlichen Verpflichtungen des internationalen Opiumabkommens von 1925 in Genf verweist.

Meines Erachtens aber war die Krankheit die Steiner am Schluss bekam (Zeylmann und andere meinen, es sei kein Krebs gewesen) eine Folge seines unmäßigen Kokainkonsums, die zur Auszehrung und vollkommenen Schwächung des Körpers führt. Steiner hat jahrelang Raubbau mit seinem Körper getrieben, er litt jahrelang unter massiven Schlafstörungen, Magenschmerzen, Schwäche, Auszehrung usw., da er oft wochenlang arbeitete, mehr als ein Mensch verkraften kann, ständig Vorträge hielt, zu wenig aß und eine Art „Rede- und Schaffenszwang" entwickelte. Wir würden heute von einem Burnout-Syndrom sprechen. Hinzu kam, dass alle seine AnhängerInnen ständig etwas von ihm wollten, er also permanent gefordert wurde, seine „hellsichtigen und göttlichen" Eingebungen kund zu tun. Diesem Druck konnte er nicht standhalten, wahrscheinlich hat er sich zu wenig abgegrenzt und sich jahrelang überfordert, unter Zuhilfenahme von Drogen.

Hinzu kam, der Astrologie zufolge, die ja die AnthroposophInnen favorisieren, dass er Sternzeichen Fisch war, das Suchtzeichen par excelance.

Um ständig präsent sein zu können, nahm er dann Kokain, wie viele kreativ Schaffenden damals und heute auch, um das körperliche Schlafbedürfnis zu überspringen und auch nachts noch weiter geistig arbeiten und schaffen zu können. Irgendwann mag dann sein Körper gestreikt und sein Magen vielleicht einen Tumor entwickelt haben.

AnthroposophInnen streuten das Gerücht, er sei vergiftet worden. Wahrscheinlich hat Steiner sich aber selbst mit Kokain vergiftet, einer gefährlichen Droge, die zudem nach ihrem Gebrauch all die Symptome aufweist, die Steiner zeigte: Redezwang, die eigenen Grenzen ignorierende Schaffenskraft, die mit der Droge potenziert werden kann, innere Wahrnehmungen und Schauungen, Schlaflosigkeit, gepaart mit Unterernährung und Auszehrung bis hin zum Tod.[41]

---

[41] weitere detaillierte Ausführungen zu Steiners möglichen Kokainkonsum, seinen eigenen Äußerungen zu der Wirkung von Opium, die er scheinbar ebenfalls gut kannte, und der Medizingeschichte in dieser Zeit, in: Cornelia Giese, Rudolf Steiner und die Frauen, 2008

Anthroposophie, was ist das?

Der Esoteriker Gurdjeff über die Anthroposophie:

„In den letzten Jahren des Weltkrieges hat man eine Hühner-
suppe so bereitet, dass man heißes Wasser aufstellte und ein
Huhn darüber fliegen ließ: Steiners Anthroposophie ist eben-
so wenig eine Geheimwissenschaft, wie dieses Gericht eine
Hühnersuppe. "[42]

Die Anthroposophie leitet sich aus dem Griechischen ab. Anthropos = Mensch und sophia = die Weisheit. Sie will ein Erkenntnisweg sein, auf dem man zu Erkenntnissen höherer Welten gelangt. Diese Weltanschauung kommt durch die gesammelten „Erkenntnisse Steiners" zustande, der 1913 die Anthroposophische Gesellschaft gegründet hat und ihr ein Gesicht verlieh, so z.b. ein eigenes Menschenbild, eine eigene Auffassung von der Welt, ihrer Entstehung und ihren Erscheinungsformen, eine eigene Pädagogik und letztlich auch eine aus ihr erwachsene Religion – die Christengemeinschaft. Dennoch gibt es unzählige AnthroposophInnen, die keine Mitglieder der Christengemeinschaft sind, da sie den eigenen Erkenntnisweg vorziehen und keine „Weihe durch die christengemein-schaftlichen Priester und Priesterinnen benötigen", wie mir mal ein Anthroposoph sagte.

Entscheidend ist jedoch noch, dass die Anthroposophie sich in vielen Dingen an die Theosophie angelehnt hat und daraus erwachsen ist, schließlich war Steiner zunächst etliche Generalsekretär der Theosophischen Gesellschaft und damit von H. Blavatsky. Deshalb entdecken wir in den Büchern Steiners viele Gedanken wieder, die die bereits ebenfalls hellsichtigen Blavatsky in ihren Büchern beschrieb.[43]

Die anthroposophische „Geisteswissenschaft" ist keine Wissenschaft im üblichen Sinne. Sie beruft sich vielmehr durch Imagination, Intuition

---

[42] Gurdjeff (Esoteriker), zitiert nach: Max Dessoir, Vom Jenseits der Seele, Die Geheimwissenschaften in kritischer Betrachtung, Stuttgart 1931, S. 496

[43] vgl. Kapitel über H. Blavatski in Cornelia Giese, Rudolf Steiner und die Frauen, 2008

und Inspiration ihres Meisters auf seinen Erkenntnissen, die sie selbst durch den Schulungsweg ebenfalls erlangen könnten. So glauben sie zumindest. Denn dieser erhebt den Anspruch, exakte Wissenschaft mit grenzenloser Welterkenntnis zu sein.

Im Prinzip ist die Anthroposophie ein Konglomerat aus christlichen, theosophischen, philosophischen, mythischen, griechischen, germanischen und steinerschen Erkenntnissen und Traditionssträngen, die von Steiner zusammengetragen und miteinander verwoben wurden.

Seine Unklarheit und Verschwommenheit in seiner Ausdrucksweise mag sogar beabsichtigt gewesen sein und nicht allein auf seine mangelnden Deutschkenntnisse zurückzuführen sein (Er hatte in Deutsch eine 4). Denn so sind Projektionen jeglicher Art Tor und Tür geöffnet und auf diese Weise kann jede/r Gläubige/r leichter in der Anthroposophie Trost und Hoffnung finden. Es ist wirklich eine eklektische Religion und Philosophie mit dem Anspruch die absolute, einzige Wahrheit zu haben, den Steinerschen Schulungsweg, der zur menschlichen Höherentwicklung führt.

AnthroposophInnen glauben, dass die herkömmlichen Wissenschaften, die nur auf dem Intellekt und nicht auch auf Intuition und auf Eingebung basieren, nicht so umfassend sein können wie die Anthroposophie. Deshalb halten sie sich für etwas Besseres, da Höherentwickeltes, Ganzheitliches. Sie wirken leicht arrogant und elitär. Biedere Wissenschaften sind ihnen zu verkopft, ungeistig und einseitig, zu kognitiv und intellektuell. Deshalb werden auch „normal" Studierende oder nichtanthroposophische FachkollegInnen etwas herablassend behandelt, nach dem Motto: *„Die sind noch nicht so weit, werden es niemals sein, haben ein schlechteres Karma, beschreiten nicht unseren Schulungsweg, sind keine Auserwählten."* Es erinnert mich ein wenig an das indische Kastenwesen, in dem die Menschen in Parias und Brahmanen eingeteilt werden.

Sie sind die Brahmanen, die höchste, geistige Kaste, die nichtanthroposophischen Fachkollegen, genau wie alle anderen dagegen die Parias, die Ausgestoßenen, bestenfalls die Zulieferer und dienstbaren Sklaven.

Zusammenfassend könnte man sagen, es geht um eine einheitliche Gesamtinterpretation von Welt und Menschen. Anthroposophie versteht sich als eine wissenschaftliche Methode zur Erlangung höherer Erkenntnisse, die „das Geistige im Menschenwesen zum Geistigen im Weltall" zu führen vorgibt. Rudolf Steiner meinte, dass mit Hilfe seiner Übungen und Meditationen angeblich für jeden (unabhängig von Geschlecht, Alter und Bildungsstand) diese höheren Erkenntnisse zu erreichen sind. Voraussetzung ist natürlich, dass an eine „höhere" Welt übersinnlich geistiger Tatsachen jenseits unserer alltäglichen, sinnlichen Wahrnehmungen geglaubt wird. Das Besondere an Steiners anthroposophischer („theosophischer")[44] Lehre ist die Behauptung, dass dieser Erkenntnisweg durch die Schulung seiner geistigen Erkenntnisorgane in wissenschaftlicher Weise erforscht werden kann. Die okkulte Welt der übersinnlichen Geist-Erscheinungen soll durch den mediativen Schulungsweg der „anthroposophischen" („theosophischen") „Geisteswissenschaft" die rein mystische Ebene verlassen können und dem Exaktheitsanspruch der neuzeitlichen Naturwissenschaft erringen. Diese Behauptung ist wagemutig und obskur gleichzeitig. Steiner belässt die mythische Ebene nicht auf derselben und spricht von „Glauben", über den man ja bekanntlich verschiedener Meinung sein kann, nein, er erhebt seine „geistigen" Schauungen und „höheren" Einsichten zu wissenschaftlichen Tatsachen und zu angeblich nachprüfbaren Erkenntnissen. Damit katapultiert er sich zu einem Propheten, Guru und Wissenschaftler gleichzeitig, da ihm diese jenseitigen und für uns noch übermenschlichen Einsichten angeblich schon zuteil wurden. So handeln im Grunde all seine Vorträge (eine große Mischung von echten – oft abgeschriebenen – Lebensweisheiten, über banale Selbstverständlichkeiten, bis hin zu blankem Unsinn) von diesen Einsichten, die ihn angeblich dazu befähigen, zu allen Lebenslagen der Menschen Ratschläge und „Weisheiten" von sich zu geben. Und seine „anthroposophischen" AnhängerInnen, die an seine „Einsichten" glauben, befolgen diese bis heute. Deshalb wird auch bei jeder Gelegenheit Steiner zitiert, und in jeder Einrichtung und jeder Schule darf ein großes Bild oder eine Büste

---

[44]   nach Zander, a.a.O., vgl. Bd. 17

von ihm nicht fehlen. Und er hat damit Erfolg. „Die Anthroposophie vermittelt strebenden Menschen Sinnerfüllung und -orientierung durch Geist-Enthusiasmus, Verantwortungssinn und Entwicklungsoptimismus. (...) Sie ist geschichtlich und ideell eine nachchristliche Bewegung, die immer wieder Menschen angezogen hat, die ihre Kirche als spirituell dürftig und in fertigen, erfahrungsfremden Formeln erstarrt empfanden, und sollte darum immer auch als Frage nach Defiziten in den Kirchen verstanden werden."[45] So jedenfalls wird die Anthroposophie von einem katholischer Professor und Jesuit (Bernhard Grom) betrachtet. Damals wie heute werden übrigens die Jesuiten von vielen AnthroposophInnen zu wahren Feindbildern hoch stilisiert. Wahrscheinlich deshalb, weil von ihrer Seite die meiste Kritik kommt, neben den Protestanten und anderen wissenschaftskritischen Personen. Für Klaus Prange (Prof. der Erziehungswissenschaft) ist die von Steiner verkündete „Anthroposophie" (Terminus und Inhalt) von dem romantischen Naturphilosophen Troxler und seinem Lehrer Robert Zimmermann entlehnt.[46] Außerdem bemerkt er kritisch: „Die Anthroposophie ist, als Schulrichtung im Konzert der intellektuellen Strömungen, über seine Forschungsresultate nicht hinausgekommen und auch nicht hinausgegangen. Sie gleicht der Pallas Athene, die als fertige Gestalt dem Haupt des Zeus entsprungen ist. Insofern stellt die Geistesforschung *Steiners* ein Kuriosum dar; es dürfte sich hier um die einzige Disziplin mit wissenschaftlichem Anspruch handeln, die schon bei ihrer Geburt am Ende war."[47]

Und Helmut Zander (katholischer Prof. der Geschichte u. Politologie) weist in seinem tausendachthundert Seiten langen enzyklopädischen Mammutwerk nach, dass Steiner ein „in Wolle gefärbter Theosoph" gewesen war, der u. a. „seine" Anthroposophie aus den Werken der beiden spirituellen theosophischen Führerinnen (Annie Besant und Helen Blavatsky) plagiiert (abgeschrieben) hat.[48]

---

[45] Bernhard Grom, Anthroposophie und Christentum, München 1989, S. 148
[46] Klaus Prange, Erziehung zur Anthroposophie, Darstellung und Kritik der Waldorfpädagogik, Regensburg 1987, S. 48
[47] ebd., S. 31
[48] Zander, a.a.O.

AnthroposophInnen glauben dennoch, wenn sie den von Steiner entworfenen anthroposophischen Schulungsweg gehen, gelängen sie zur Hellsichtigkeit und erhielten irgendwann Einblicke in die tiefsten Welt- und Lebenszusammenhänge. Sich anthroposophisches Wissen anzueignen, bestimmte Sprach- und Stimmübungen, auch bestimmte Eurythmieübungen zu machen, sind verschiedene Mittel zu diesem einen Ziel.

Schlüsselbegriffe sind hierzu: Schulung, Studium, Meditation und andere Übungen, die Steiner vorgeschlagen hat. Letztlich geht es in diesem Zusammenhang um die Höher- und Weiterentwicklung der menschlichen Seele, dem Buddhismus ähnlich, der sich damit ein besseres Karma für das nächste Leben gleich mit erschafft, oder aber einen Karmaausgleich herstellt, indem er/sie irgendetwas erduldet oder erleidet. Dagegen wäre ja eigentlich nichts zu sagen, doch wie jede andere „Kirche" oder „Weltanschauungssekte" beanspruchen Anthroposophinnen natürlich, die absolute Wahrheit für sich allein zu haben, und glauben an die Unantastbarkeit ihres Meisters. Und wie alle Religionen, machen sie mit dem Glauben ihrer AnhängerInnen lukrative Geschäfte weltweit. So gibt es Waldorfwerkstätten und Schreinereien, die das „richtige" und erlaubte Spielzeug herstellen, Demeterläden, die die gesunde Nahrung vom anthroposophischen Biobauern liefern, anthroposophische Pharmabetriebe, „gemeinnützige anthroposophische" Banken, Verlage, Buchläden, Cafés, Bekleidungsgeschäfte, Reiseläden, in denen man Fahrten nach Dornach buchen kann, Tagungsstätten, ja sogar anthroposophische Hotels und Ferienanlagen (wie z.B. auf Lanzarote).

Das finanzielle Netzwerk der AnthroposophInnen

Wie bei allen Vereinen und etablierten Gesellschaften geht es immer auch ums Geld, um sehr viel Geld, wie die Aufstellung aller anthroposophischen Einrichtungen in Deutschland[49] beweist:

- Bund der Freien Waldorfschule e.V. Stuttgart
- Internationale Vereinigung der Waldorfkindergärten e.V. Stuttgart
- Verband anthroposophischer Einrichtungen für Heilpädagogik und Sozial-Therapie e.V. in Echzell
- Gesellschaft anthroposophischer Ärzte e.V. Stuttgart
- Berufsverband Heileurythmie e.V. Stuttgart
- Berufsverband für Anthroposophische Kunsttherapie e.V. Freiburg,
- Berufsverband der Eurythmisten in Deutschland e.V. Grafrath
- Zentralkasse der Anthroposophischen Gesellschaft in Deutschland, Finanz- und Bankwesen, Stuttgart
- Forschungsring für biologisch-dynamische Wirtschaftsweise, Darmstadt
- Gemeinnützige Treuhandstelle e.V. (GTS) Bochum
- GLS Gemeinschaftsbank eG Bochum
- GLS Gemeinschaftsbank eG, Stuttgart

Weitere kommen hinzu, die Liste erhebt keinen Anspruch auf Vollständigkeit.

- „Weleda (Kosmetika und Heilmittel)
- Wala (Pharmazie)
- Anthroposophisch geführte Hotels
- Demeter (Lebensmittel)
- Verlag Freies Geistesleben
- Anthroposos Kinderheime e.V.
- Efv AG, Erste Finanz- und Vermögensberater Aktiengesellschaft in Deutschland

---

[49] Grandt, Schwarzbuch Anthroposophie, Wien 1997, S. 51

45

- Gvp Gesellschaft für Vermögensplanung
- DBSFS Deutscher Bundesverband für Steuer-, Finanz- und Sozialpolitik e.V.
- M & M Verlag (Medien und Marketing Agentur GmbH
- Anthropos – Film- und Fernsehproduktion GmbH."[50]

Dazu kommen die 208 Waldorfschulen allein in Deutschland von den 958 weltweit. (Stand 2007)

Der Bund der Freien Waldorfschulen berichtet auf seiner Homepage über den Gesamtjahresabschluss 2005:

„Sie (die 208 deutschen Waldorfschulen, C.G.) präsentieren sich mit ihren über 80.000 Schüler, ihren über 7.000 Lehrer (sic.), ihren rd. 50.000 Eltern und sicherlich mehrfach soviel ehemaligen Schülern und Freunden. (...) Die Investitionen werden durch ihre bilanzierten Schulgebäude (zu zeitnahen Buchwerten) mit derzeit rd. 800 Mio. Euro ausgewiesen;

- sie haben dafür ein Kreditwagnis von über 400 Mio. Euro übernommen (oder fast 80% einer Jahressumme);
- in 2005 wurden allein 56 Mio. Euro in Schulbauten investiert, bei deren Finanzierung sich der Staat (er zahlt die Schulgebäude sonst) über Gebühr zurückhält;
- sie haben trotz allem Eigenkapital (durch bereits getilgte Verpflichtungen!) von 413 Mio. Euro (44% der Bilanzsumme) gebildet;
- zu ihren Gesamtaufwendungen von knapp 500 Mio. Euro haben ihre Eltern allein 134 Mio. Euro – ein gutes Viertel – beigetragen;
- sie haben ihre Kosten pro Schüler durch die Anstrengungen und Verzichte ihrer Eltern und Lehrer mit rd. 5.600 Euro (staatliche Schüler 6.600) im Griff."[51]

Außerdem gibt es mittlerweile ca. 35 anthroposophisch-orientierte Zeitschriften und etwa 60 Verlage. Weltweit zählt die Anthroposophische

---

[50] vgl. Martina Kayser/Paul-Albert Wagemann, Wie frei ist die Waldorfschule? Geschichte und Praxis einer pädagogischen Utopie, Berlin 1993, S. 173ff.

[51] Bund der Freien Waldorfschulen, Juli 2007 unter: waldorfschule.info/index.39.0.1.html

Gesellschaft ca. 47.000 Mitglieder und hatte 1989 ein Gesamteinkommen von 19 Millionen Schweizer Franken.[52]

Diese Zahlen dürften heute, Jahrzehnte später, um ein Vielfaches höher sein. Daneben gibt es etliche anthroposophische Interessensverbände, Initiativen, Gruppen, lockere Zusammenschlüsse und Lesezirkel, anthroposophische Ferien- und Freizeitstätten, wie z.B. auf der Kanarischen Insel Lanzarote, und Ähnliches. Die Aufzählung dieser Gruppen würde ein ganzes Buch füllen. Wenn man die Stichworte im Internet eingibt, sieht man nur einen Bruchteil der Aktivitäten anthroposophischer Gruppierungen, die weltweit unter anthroposophischer „Flagge" operieren. Da gibt es sogar einen Arbeitskreis für Bi/Homo/Anthroposophie.

---

[52] vgl. Grandt, a.a.O., 1997, S. 52

Die Waldorfschule, eine Weltanschauungsschule?

Im Januar 1919 hat Steiner zu dem Anthroposoph und Zigarettenfabrikant der „Waldorf-Astoria"-Fabrik Emil Molt Folgendes gesagt: *„Wir müssen zuerst mit dem Geld, das wir noch haben, freie Schulen gründen, um den Leuten beizubringen, was sie brauchen. "*[53]

Unter einer Freien Waldorfschule verstehe ich dagegen etwas anderes. Darunter stelle ich mir eine Schule vor, in der die SchülerInnen wirklich frei, d.h. nur ihren individuellen Fähigkeiten und Bedürfnissen verpflichtend, unterrichtet werden, ohne einem vorgegebenen und weltanschaulichem Schema zu folgen. Doch wie bei so vielen anderen Begriffen werden hier hoffnungsvoll klingende Worte genommen und einfach mit eigenen Inhalten gefüllt und wie hier ins genaue Gegenteil verkehrt. Eine komplette Begriffsverwirrung, die es aber aufzudecken gilt.

Molt war begeistert von Steiners Idee. Er brauchte bei der zunehmenden Verelendung der Arbeiter in dieser Zeit einen reformatorischen Ansatz. Deshalb hatte er sich unterschiedlichen Sozialkommissionen angeschlossen, unter anderem der „Dreigliederungsbewegung" Steiners. Steiner trat für eine Bewegung ein, in der die Entflechtung von Staat, Wirtschaft und Geistesleben vorangetrieben werden sollte („Bund für Dreigliederung des sozialen Organismus").

Am 23.4.1919 bat Molt deshalb Steiner, die Leitung einer von ihm gegründeten Fabrik-Schule für seine Arbeiterkinder zu übernehmen. Die erste Waldorf-Schule entstand, eine Schule für die Arbeiterkinder der Männer, die in der Waldorf-Astoria Zigarettenfabrik in Stuttgart arbeiteten.

Mit „seiner" Pädagogik hat Steiner nicht nur aus dem Potpourri der damaligen Reformpädagogen geschöpft, sondern auch aus dem Fundus der traditionellen Pädagogen, wie Herbart und Ziller. *„Es ist jedoch deutlich, dass die Intentionen Steiners und eines Herbartianers wie Ziller konvergieren: Beiden geht es in der Gesinnungspädagogik um die Abkehr vom bloßen Faktenlernen zugunsten der Persönlichkeitsbildung, die nicht mechanisch, sondern künstlerisch erfolgen solle. " (Zander, Bd. 2, S. 1420)*

---

[53] Steiner, zitiert nach: Molt 1972, S. 231, zitiert nach: Lindenberg, a.a.O., S. 119

So hat Steiner sich beispielsweise bei der Gründung der ersten Waldorfschule nicht etwa auf seine geistigen „Schauungen", seine anthroposophischen, esoterischen oder „geisteswissenschaftlichen" Eingebungen berufen, wie man vielleicht annehmen könnte, sondern lediglich vorgeschlagen, diese dem Vorbild der staatlichen österreichischen Oberrealschule nachzubilden. Auch wenn er diese Idee dann wieder aufgegeben hat, stellt Zander dennoch fest: *„Leider ist unklar, wann genau Steiner das Realschulmodell zugunsten einer reformpädagogischen Einheitsschule zurück gedrängt hat."*[54] Und er konstatiert weiter: *„Die Staatsschule steckt mithin tief in der Waldorfschule, und viele Abgrenzungen, die sich bis heute in teilweise diffamierenden Äußerungen bei Waldorflehrern finden, haben mehr mit Identitätsbildung zu tun als mit sachlichen Differenzen. Manche Elemente der Waldorfschule lassen sich leicht aus der österreichischen Realschule ableiten und müssen nicht aus der Reformpädagogik stammen."*[55] Letztlich kommt Zander zu dem Schluss, Steiner sei ein „in Wolle gefärbter Theosoph" (S. 1395) gewesen.

Steiner berief die Lehrer für die erste Waldorfschule selbst ein, überwiegend Anthroposophen. Nicht alle verfügten über eine pädagogische Ausbildung, nur vier von ihnen hatten ein Lehramtsstudium. Und obwohl Steiner selbst keine Lehrerausbildung hatte, bildete er nun sogar im zweiwöchentlichen Crashkurs WaldorflehrerInnen aus.

Er appelliert an seine ersten „LehrerInnenkollegInnen", sich eine religiöse Weihe verleihend:

„Ich bitte Sie daher, diese einleitenden Worte aufzufassen als ein Gebiet zu denjenigen Mächten, die imaginierend, inspirierend, intuierend hinter uns stehen sollen, indem wir diese Aufgaben übernehmen."[56]

Er erwartet von seinen WaldorflehrerInnen, die Schulgründung als „Festakt der Weltenordnung" zu sehen und weiht sie ein:

„Wir haben ja anthroposophisch orientierte Geisteswissenschaft eigentlich aus dem Grunde, um die Bedeutsamkeit dieser Tatsache einzuse-

---

[54] Zander, a.a.O., S. 1372
[55] ebd., S. 1389
[56] Allgemeine Menschenkunde als Grundlage der Pädagogik. Menschenkunde und Erziehungskunst, Erster Teil, 8. Aufl., Dornach, Rudolf Steiner 1980, TB-Ausgabe, Bd. 617 (GA 293), S. 17

hen, dass der Mensch in der Welt wirkt nicht nur durch dasjenige, was er tut, sondern vor allem durch dasjenige, was er ist. "[57]

Es ist für Steiner die Gesinnung wichtig, die aus anthroposophischem Geist unterrichten soll, mehr als alles Wissen. Drei Jahre nach Gründung der ersten Schule sagt er noch deutlicher die eigentliche Aufgabe eines Waldorflehrers oder einer Waldorflehrerin, wobei er hier nur die männliche Form benutzt hat:

„Man geht als Lehrer, als Erzieher in die Schulklasse hinein. Man darf sich doch wirklich nicht vorstellen, dass man einer der allergescheitesten Männer ist. Man darf sich höchstens nur als relativ gescheit ansehen. Es bringt das gewiss den Lehrer dazu, eine wahrhafte Gesinnung zu haben. "[58]

Und der heutige Erziehungswissenschaftler und Musikpädagoge Kowal-Summek ergänzt dazu nicht ohne Zynismus:

„Das also ist Steiners Meinung über die Pädagogen drei Jahre nach Gründung der ersten Waldorfschule. Gesinnung ist wichtiger als Wissen, denn Wissen verdirbt die Gesinnung. Daher braucht der Lehrplan auch nicht so dick zu sein, denn es kommt ja weniger auf das Was als auf das Wie an. Das Was findet der Lehrer intuitiv, das Wie aber liebt in der Person begründet. Ein Pädagoge mit rechter Gesinnung weiß schon, was er zu tun hat, denn es ergibt sich alles aus den theosophisch – anthroposophischen Lehren. In der Schule wird Anthroposophie nicht als Fach gelehrt, aber alles ist anthroposophisch durchsetzt, sodass Anthroposophie ‚subversiv' in die Schule und in den Menschen Eingang findet. "[59]

Und dass es sich bei der Waldorfschule um eine religiöse Weltanschauungsschule handelt, entgegen aller Beteuerungen zeitgenössischer AnthroposophInnen, belegen auch Steiners folgende Aussagen:

„Und ist es nicht schließlich eine höchste heilige, religiöse Verpflichtung, das Göttlich-Geistige (...) in der Erziehung zu pflegen? Ist dieser

---

[57] ebd., S. 27
[58] Rudolf Steiner, Die geistig-seelischen Grundkräfte der Erziehungskunst, 3. Aufl., TB-Ausg. 605 (GA 305), Dornach 1981, S. 59
[59] Kowal-Summek, Die Pädagogik Rudolf Steiners im Spiegel der Kritik, 2. Aufl., Herbolzheim 2001, S. 125f.

Erziehungsdienst nicht religiöser Kult im Höchsten Sinn des Wortes? Müssen nicht zusammenfließen alle unsere heiligsten, gerade dem religiösen Fühlen gewidmeten Menschheitsregungen in den Altardienst, den wir herauszubilden versuchen, das sich als veranlagt offenbarende Göttlich-Geistige des Menschen im werdenden Kinde? Lebendig werdende Wissenschaft! Lebendig werdende Kunst! Lebendig werdende Religion! Das ist schließlich Erziehung, das ist schließlich Unterricht. "[60]

Im Hinblick auf die religiöse Aufgabe der Waldorflehrer/innen fährt Steiner deshalb fort:

„Ich habe schon gesagt, der Lehrer muß eigentlich dazu kommen, daß alles Unterrichten für ihn eine sittliche, eine religiöse Tat werde, daß er sozusagen in dem Unterrichten selber eine Art Gottesdienst sehe. [...] Den ganzen Menschen erziehen, diesen als ganzen Menschen erzogenen Menschen religiös zu vertiefen, das haben wir als eine der bedeutsamsten Aufgaben des Waldorfschul-Prinzips zu erfassen gesucht. "[61]

Susanne Lippert stellt (genauso wie Kayser u. Wagemann) in diesem Zusammenhang fest: „Die Waldorfschule ist eine Weltanschauungsschule mit totalitären Merkmalen." Sie schreibt, dass der Begriff ‚Weltanschauungsschulen' zunächst ein juristischer sei und führt dann näher aus, dass diese nach unserem Grundgesetz solche Schulen sind, ‚wenn ein ganzheitliches Gedankensystem für die Gestaltung von Erziehung und Unterricht in den verschiedenen Fächern nicht nur methodisch, sondern auch inhaltlich – bei der Behandlung der jeweils berührten Sinn- und Wertfragen – grundlegend ist'. „(...) Mit Vehemenz wird aber bestritten, dass die Anthroposophie in der Waldorfschule von mehr als nur methodischer Bedeutung ist. In der Regel verwendet man dabei das sophistische Argument: Nur die Methode, nach der gelehrt wird, ist anthroposophisch, die vermittelten Inhalte sind es nicht."[62] Dass dem nicht so ist, belegen etliche KritikerInnen[63], die sich eingehend mit Steiner und seiner Waldorf-

---

[60] Rudolf Steiner, Ansprache bei der Eröffnung der Freien Waldorfschule, in: ders., Rudolf Steiner in der Waldorfschule, Stuttgart 1958, S. 18-28
[61] Kügelgen, in: Zur religiösen Erziehung, S. 102
[62] Lippert, a.a.O., S. 251
[63] Badewien, Giese, Grandt, Kayser/Wagemann, Kully, Kowal-Summek, Lippert, Pierott, Prange, Ullrich, u.a.

pädagogik auseinandergesetzt haben. Sie sind sich darin einig, dass die Waldorfschule entgegen seiner Behauptung eine Weltanschauungsschule ist:

„1. Der Waldorfpädagogik liegt die Anthroposophie zugrunde. 2. Unterrichtsinhalte werden in einer Form behandelt, die von der gängigen wissenschaftlichen Denkweise zum Teil erheblich abweicht. Die Anthroposophie fließt als 'heimlicher Lehrpan' in jeden Unterricht ein. (Mit Ausnahme des konfessionellen Religionsunterrichts, C.G.) Dadurch werden Kinder und Jugendliche indoktriniert und geprägt, wegen der besonderen Einflussmöglichkeit des Klassenlehrers von Schule zu Schule und von Klasse zu Klasse allerdings in unterschiedlichem Ausmaß. (...) Die Schüler werden nicht angehalten, Steiners Theorien auswendig zu rezitieren, denn die Auseinandersetzung mit abstrakten weltanschaulichen Gedanken widerspricht der anthroposophischen Entwicklungslehre."[64]

Gleichzeitig habe ich mich oft gewundert, welche abstrakten Gedanken die Kinder von Atlantis, Geistern, den verschiedenen Seelenkräften und in Gedichten von Steiner ihnen dann doch zugemutet werden, die ihrer Weltanschauung zutiefst widersprechen müssten. Daher bin ich zu dem Schluss gekommen, Unverständliches ist nicht zu abstrakt und wissenschaftlich verkopft, wenn es von dem sakrosankten Meister selber kommt, wenn es dagegen von außen herein getragen wird, sprich durch ein staatliches Schulbuch, eine Schulbehörde oder wohlmöglich noch durch eine konfessionelle Religionslehrerin, wird manchmal sogar derselbe Inhalt plötzlich zu abstrakt, zu ahrimanisch, und darf nicht sein, da ihm die anthroposophische Färbung fehlt. Aufgrund dieser weltanschaulichen und zudem „religiösen" Ausrichtung der Waldorfschule soll deshalb auch nachfolgend erst der anthroposophische Religionsunterricht und nachfolgend der konfessionelle Religionsunterricht an Waldorfschulen dargestellt werden, bevor ich auf die anderen charakteristischen Elemente und Merkmale der Waldorfschule eingehe. Denn eine Schülerin hat es mal sehr treffend formuliert: *„Hier auf der Schule hat eigentlich alles was wir machen irgendwie mit Religion zu tun."*

---

[64] Lippert, a.a.O., S. 252

Der Freichristliche Religionsunterricht als Altardienst

Der Freichristliche Religionsunterricht, so behaupten Waldorflehrer zum Beispiel sehr gerne, wenn sie an ersten Elternabenden für diesen werben, sei ein konfessionsloser, vollkommen freier Unterricht, eben „freichristlich". Viele Eltern denken dann oft, es handle sich um eine Art Ethikunterricht. Diese Begriffsverwirrung ist pure Absicht. Zunächst geht es um SchülerInnenfang, erst dann, wenn das Kind bereits schon in der Gemeinschaft mit anderen, in eine Gruppe integriert ist und nun auch aus gruppendynamischen Prozessen nicht mehr wechseln will, lässt man die Katze aus dem Sack. Plötzlich erzählt man den Eltern etwas von Sonntagshandlungen, eine Art Gottesdienst, die nach den Vorgaben Steiners ablaufen und gestaltet werden sollen.

Es wird eben nicht überall und selbstverständlich transparent gemacht, mit welchen Inhalten sich hier das Kind zu beschäftigen hat, welche Welt der Erdgeister, Trollen, Elfen und Engelwesen ihm in Geschichten vorgestellt werden und an welche Wunder es zu glauben genötigt wird. Die Engelhierarchien und Weltenäonen aus anthroposophischer Sicht werden an manchen Waldorfschulen sogar im Hauptunterricht gelehrt.

Wie wenig der Unterricht losgelöst ist von christlichen *und* anthroposophischen Inhalten, zeigt die nachfolgende Beschreibung der Lehrinhalte des Freien christlichen Religionsunterrichtes:

„Neben der alljährlichen Beschäftigung mit den christlichen Festen im Jahreskreislauf liegt gerade der Schwerpunkt des Religionsunterrichts der ersten vier Schuljahre im Vertrautmachen mit dem Vater in dem Himmel, dem Schöpfer und Erhalter aller Dinge. In phantasievoll-sinnigerweise wird von der Natur, den Steinen, Pflanzen und Tieren so zu erzählen sein – in der ersten und zweiten Klasse–, daß sich Staunen und Ehrfurcht einstellt vor allen Erscheinungen der Natur, [...] aber auch den Schicksalen in Märchen. In Bildern lassen sich alle Geheimnisse des Lebens ansprechen: Schlafen und Wachen, Lachen und Weinen, Glück und Unglück. In der zweiten Klasse, parallel zum Erzählstoff des Klassenlehrers, kommen die Legenden und Heiligengeschichten hinzu, Taten und Leiden, die Siege und Freuden der gottergebenen Menschen. Auch im dritten Schul-

jahr hat der Klassenlehrer denselben Erzählstoff wie der Religionslehrer: Geschichten aus dem Alten Testament: die Genesis, die Erzväter usf. [...] Nach dem 10. Lebensjahr bis in die Pubertät, d. h. in der 5. bis 8. Klasse, steht nun das zweite Schlüsselwort über allen Bestrebungen des Religionsunterrichts: Christus nicht erkennen, ist ein Schicksal, ein Unglück." [65]

Der Freie christliche Religionsunterricht ist *allein* ein Glaubensunterricht (wie es der konfessionelle Unterricht früher war und vereinzelt auch heute noch ist), in dem die religiöse Frömmigkeit in die Herzen der Kinder gepflanzt wird und die Stille und Besinnlichkeit geübt werden. Das kann je nach Unterrichtsgestaltung sehr wertvoll sein. Doch es wird weit mehr in die Kinder eingepflanzt als nur Stille und Besinnlichkeit!

Wie stark der „religiös-anthroposophische" Charakter einer Waldorfschule ist, bringt eine Schülerin der 10. Klasse zum Ausdruck:

„Bei uns hier in der Schule ist Religion ein Hauptfach und kommt in jedes andere Fach mit hinein."

Und nicht umsonst hat auch Steiner empfohlen, dass jeder Unterricht eine Fortsetzung der Taufe sein solle. Er proklamiert:

„Daß der Mensch ... als geistiges Wesen aus einer geistigen Welt heruntersteigt in diese irdische Welt, das kann bei einer lebensvollen Menschenerkenntnis in der Erziehungskunst praktisch werden ... Man fühlt in der Praxis: Die Götter haben den Menschen heruntergeschickt in dieses irdische Dasein, haben ihn uns als Erzieher anvertraut. Was die Götter uns mit dem Kinde übergeben, das sind Rätsel, die den schönsten Gottesdienst ergeben." [66]

Obwohl der Freie christliche Religionsunterricht frei sein soll von anthroposophischen Inhalten, lassen folgende Hinweise erkennen, wie sehr auch er von ihnen durchtränkt ist. Zum einen werden die religiösen Inhalte durch die menschenkundliche Lehre der Anthroposophie gegliedert,

---

[65] Kügelgen, in: Hans-Werner Schroeder/Michael Debus u.a., Christentum, Anthroposophie, Waldorfschule, Waldorfpädagogik im Umfeld konfessioneller Kritik, Stuttgart 1987, S. 87 f.

[66] Rudolf Steiner, Anthroposophische Menschenkunde und Pädagogik (GA 304a), S. 121

zum anderen werden christliche Inhalte in anthroposophische Gewänder gekleidet:

„Der Aufbau des freien Religionsunterrichts hat drei Stufen, die den Stadien der Kindesentwicklung entsprechend als ‚naturhaft', ‚seelisch' und ‚geistig' bezeichnet werden. Sein Gang kann auch als ‚ein fortschreitendes Erfassen des Vaters, des Sohnes und des Geistes' angesehen werden.

In der ersten Stufe (1.-4. Schuljahr) wird das Kind zur Ehrfurcht zu dem Vatergott geführt: Ehrfurcht vor dem, was über uns ist. Legenden, Gedichte und Erzählungen aus dem Alten Testament stehen im Vordergrund. Das Neue Testament tritt noch völlig zurück. Es herrscht die Auffassung, das Kind habe zum Bericht von Christus noch nicht die Beziehung eines innerlichen Bedürfnisses. Allerdings hört das Kind, dass der Christusname in den Gebeten und kultähnlichen Schulveranstaltungen genannt wird.

Die zweite Stufe (5.-8. Schuljahr) steht unter der Überschrift: Christus, der mit dir durchs Leben geht, der neben dir ist. Die Begegnung mit Christus, der mit durchs Leben geht, soll die Ehrfurcht vor dem, was neben uns ist, bilden. Das Heroische im Leben großer Menschen (überwiegend dargestellt an Männern, C. G.), die sich für andere eingesetzt haben, tritt in den Vordergrund. Die Christuserkenntnis bringt das Kind in den Nöten der anbrechenden Entwicklungszeit in Berührung mit Verwandlungskräften.

In der dritten Stufe (9.-12. Schuljahr) wird der junge Mensch zur Freiheit und Eigenheit des Geistes geführt. Er soll seine Sendung erkennen und lernen, sich sozial einzuordnen. Die tätige Ehrfurcht vor dem, was unter uns ist, wird gebildet. Der gesamte Religionsunterricht entfaltet, was im Menschen ist. Seine Zielsetzung ist zu erwecken, ‚was dem Menschen angeboren ist zu glauben'."

Den Unterricht ergänzt, wie erwähnt, ein sonntäglicher Kultus, die „Sonntagsfeier". Hierzu werden festgelegte Worte Steiners gelesen. „Besonders kennzeichnend ist das Wort vom Gottesgeist, dem die Kinder anvertraut werden, und den jedes Kind zu suchen verspricht."[67]

Wir machen uns hier nichts vor, der Freichristliche Unterricht ist ein anthroposophischer „Religionsunterricht", was Steiner ehrlicher Weise noch selbst gesagt hat. Im Gegensatz zum Christengemeinschaftlichen Unterricht, der ja ebenfalls an den meisten Waldorfschulen angeboten und von einem christengemeinschaftlichen Priester oder einer Priesterin erteilt wird, erteilt den Freichristlichen Unterricht ein ganz normaler Waldorflehrer, der sich dazu die Berechtigung aus Stuttgart geholt hat. Früher hat Steiner noch die ersten Freichristlichen ReligionslehrerInnen berufen, oder aber auch abgelehnt[68], heute macht das der Bund der Waldorfschule in Stuttgart. Steiner selbst hat auch bei dem Freichristlichen Religionsunterricht von einem anthroposophischen Religionsunterricht gesprochen.[69]

Der freie christliche Religionsunterricht wird vom Religionsunterricht der Christengemeinschaft streng unterschieden. Obgleich beide auf dem Boden anthroposophischen Gedankengutes stehen, ist der letztere durch seinen Kultus definiert. Hinzu kommt, dass der Unterricht von einem Priester oder (in seltenen Fällen) auch von einer Priesterin der Ortsgemeinde abgehalten wird. Wobei versucht wird, den Unterricht mit dem Gemeindeleben zu verbinden.

Die Schwierigkeit liegt, wie bei allen religiösen Weltanschauungen, in dem universalen Anspruch, der leicht verabsolutiert wird[70].

In allen fundamentalistischen Bewegungen gibt es eine besondere Betonung der vertikalen hierarchischen Ordnung. Die Wahrheit kommt deshalb immer von oben, von einer Institution oder einer moralisch akzeptierten Autorität. Solche absoluten Autoritäten können auch begnadete Prediger, Religionsstifter oder andere Führer sein. Besonderes Merkmal

---

[67] Evangelischer Oberkirchenrat Stuttgart, Zum Verhältnis des christlichen Glaubens zu Anthroposophie und Waldorfpädagogik, Eine Arbeitshilfe des Evangelischen Oberkirchenrats Stuttgart, Neufassung 1992, S. 44

[68] Näheres dazu, wie er dramatischer Weise es auch mal einer Lehrerin verweigerte, in: Cornelia Giese, Rudolf Steiner und die Waldorfschule, 2008

[69] vgl. dazu ebd.

[70] ebd.

ist immer, dass die fundamentalistisch Gläubigen meinen, Wahrheit und Irrtum klar voneinander unterscheiden zu können. Sie selbst sind im Besitz der Wahrheit und daher von wesentlichen Irrtümern verschont.[71] So proklamiert daher auch der fundamentalistische Anthroposoph Kügelgen:

„Das Christentum der Waldorfpädagogik liegt in der ‚Wahrheit, die uns frei machen wird', wenn sie in ihrer Größe erkannt wird. Keime zu dieser Zukunftsperspektive liegen auch im Auftrag des freien christlichen Religionsunterrichtes. In diesem Sinne – Anthroposophie als Erkenntnisgrundlage des Geistigen in Welt und Mensch und als Seelenimpuls für moralisches und religiöses Leben (GA 239) – hat ihn Rudolf Steiner in den Konferenzen auch den anthroposophischen Religionsunterricht genannt. Anthroposophie ist eine Pfingstgabe an die Welt – und die kultischen Handlungen des freien christlichen Religionsunterrichtes wurden aus diesem Feuer der Pfingstflammen über den Häuptern der Pfingstgemeinde geboren."[72]

Trotz dieser Worte „Altardienst", „religiöse Verpflichtung", „Gottesdienst" usw. betreibt Steiner eine geschickte Verwirrpolitik. Er betreibt nicht nur eine Begriffsverwirrung, sondern eine schlichtweg doppelzüngige Strategie, wenn er dennoch beteuert:

„Derjenige, der da sagen wird: die anthroposophisch orientierte Geisteswissenschaft gründe die Waldorfschule und wolle nun ihre Weltanschauung hineintragen in diese Schule – ich sage das jetzt am Eröffnungstage –, (vielleicht nur für die zuhörenden NichtanthroposophInnen? C.G.) der wird nicht die Wahrheit sprechen. Uns liegt gar nicht daran, unsere ‚Dogmen', unsere Prinzipien, den Inhalt unserer Weltanschauung dem werdenden Menschen beizubringen. Wir streben nicht danach, eine dogmatische Erziehung zu bewirken. Wir streben danach, dass dasjenige, was wir haben gewinnen können durch unsere Geisteswissenschaft, lebendige Erziehungstat werde. Wir streben an, in unserer <u>Methodik</u>, in unserer Didaktik, dasjenige zu haben, was aus der lebendigen Geisteswissenschaft (Anthroposophie – C.G.) als seelische Menschenbehandlung

---

[71]   vgl. Martin Odermatt, Der Fundamentalismus, Ein Gott, eine Wahrheit, eine Moral?, 2. Aufl., Düsseldorf 1994, S. 20 f.

[72]   Kügelgen, a.a.O., S. 16

hervorgehen kann. (...) Aber ehrlich werden wir einhalten, was wir gelobt haben: dass die verschiedenen religiösen Bekenntnisgesellschaften, die von sich aus den Religionsunterricht erteilen sollen, ihre Weltanschauungsprinzipien in unsere Schule hineintragen können.[73]

Diese Doppelzüngigkeit Steiners, oder besser gesagt seine Heuchelei, auch den konfessionellen Religionen gegenüber, wird deutlich, wenn er entgegen des großzügig anmutenden obigen Versprechens Folgendes über die protestantische und katholische Konfession im internen Kreis dann aber verlauten lässt, und damit seine wahre Einstellung offenbart:

„Wie können wir es dahin bringen, daß der Rest von evangelischprotestantischer Theologie, der noch in uns ist, aus unserer Seele herauskommt? – Der muß eigentlich ganz und gar heraus, weil das eben ein Extrem vorstellt, ebenso wie nach der anderen Seite die katholische Praktizierung ein Extrem ist. [...] Nur liegt bei der katholischen Kirche natürlich das vor, daß sie allmählich in eine ahrimanische spirituelle Führung gekommen ist, was man ja wirklich belegen kann, daß es so ist. [...] Bei der Prüfung, die ich anstellte, stellte sich heraus, daß das, was damals päpstliche Enzyklika war, tatsächlich eine geistige Offenbarung war, nur war bei dem Offenbaren in die Schrift überall dort, wo eine positive Behauptung war in der geistigen Urschrift, eine negative Behauptung hineingekommen, so daß die Bulle das genaue Gegenteil von dem sagte, was geistig geoffenbart wurde. Daraus ist zu sehen, daß die katholische Kirche überall ihre spirituellen Inspirationen durch Ahriman gefälscht erhält. Aber das hindert nicht, daß eben doch Spirituelles da ist. Dieses Spirituelle ist in dieser CHRISTENGEMEINSCHAFT im eminentesten Sinne in derjenigen Richtung da, die der heutigen Entwicklungsetappe der Menschheit entspricht. Die CHRISTENGEMEINSCHAFT ist auf geistigem Boden von geistigen Wesenheiten gestiftet in Wirklichkeit. Das ist das, was, wenn es in vollem Ernste genommen wird, alle Schwächezustände der Seelen heilen kann.[74]

---

[73] ebd., S. 27, Hervorhebung Steiner

[74] Rudolf Steiner, Vorträge und Kurse über christlich-religiöses Wirken – II: Spirituelles Erkennen, Religiöses Empfinden, Kultisches Handeln (GA 344), Dornach 1993, S. 228 ff.

Diesen Ausführungen Steiners ist eigentlich nichts mehr hinzuzufügen. Sie sprechen für sich und seine wahren Absichten, hier bekennt er sich zu seiner wahren Religion, nämlich zur anthroposophischen Christengemeinschaft, die angeblich allein „alle Schwächezustände der Seelen heilen kann".

Wie ich ebenfalls in meinem Buch „Rudolf Steiner und die Waldorfschule" das Folgende dargestellt habe[75], wird stets darauf verwiesen, dass Steiner zunächst für die Arbeiterkinder der Zigarettenfabrik einen Freien christlichen (im Sinne von konfessionsunabhängigen) Religionsunterricht eingerichtet hat, da er von der Grundreligiösität des Kindes ausging. Diesem wollte er einen Nährboden verschaffen, den Christus von hier aus kennen zu lernen. Das hört sich zunächst wertneutral und gut an, und dagegen wäre ja auch nichts einzuwenden, wenn dieser Unterricht nicht doch letztlich dazu dienen würde, das Kind durch den anthroposophischen Glauben der LehrerInnen, mit Steiners Weltsicht zu infiltrieren. Dazu schreibt er selbst:

„Es war besonders schwierig, dasjenige in das religiöse Element hineinzubringen, was wir in der Waldorfschule ausbilden wollen: das rein menschliche Entwicklungsprinzip. Denn in Bezug auf das Religiöse sind ja heute die Menschen noch am wenigstens [sic] geneigt, von ihrem Speziellen abzugehen. Man redet vielfach von einem allgemein-menschlich Religiösen. Das aber ist doch bei dem einzelnen Menschen so gefärbt, wie eine Spezial-Religionsgemeinschaft es ihm färbt. Wenn wir die Aufgabe der Menschheit in die Zukunft hinein richtig verstehen, so wird dieser Aufgabe schon auch im rechten Maße gedient durch diesen freien religiösen Unterricht, mit dem wir in der Waldorfschule eigentlich erst begonnen haben. Anthroposophie, so wie diese für Erwachsene heute vorgetragen wird, wird ganz gewiss nicht in die Waldorfschule hineingetragen; dagegen dasjenige, wonach der Mensch lechzt: das Ergreifen des Göttlichen – des Göttlichen in der Natur, des Göttlichen in der Menschheitsgeschichte – durch das richtige Einstellen auf das Mysterium von Golgatha. Das ist es, was im rechten Sinne hineinzutragen auch in den

---

[75] vgl. Cornelia Giese, Rudolf Steiner und die Waldorfschule, 2008

Unterricht wir als unsere Aufgabe betrachten. Damit erreichen wir es aber auch, dass wir dem ganzen Unterricht dasjenige Kolorit geben können, das er braucht.[76]

Und „dasjenige Kolorit" ist anthroposophisch durchtränkt. Das sich Steiners Freiheitsverständnis mit seinem Verständnis von Anthroposophie deckt, wird in dem folgenden Zitat deutlich, das isoliert betrachtet auf einen liberalen Anspruch schließen lässt. Hier heißt es:

„Es muss also der freie christliche Religionsunterricht als Teil des Gesamtlehrplanes der Waldorfschule dargestellt werden, in dem über allen Unterricht hinaus die religiösen Kräfte gepflegt und entwickelt werden, ohne dass damit eine konfessionelle oder im dogmatischen Sinne festgelegte Weltanschauung den mündig werdenden Schüler daran hindert, eigenständig seine zukünftige Bindung an eine Religionsgemeinschaft zu bestimmen."[77]

Diese Zitate zeigen, wie der freie christliche Religionsunterricht dargestellt, bzw. den Außenstehenden verkauft werden soll. Dahinter steckt jedoch ein anderes Wissen, das nicht so offen transparent werden darf und daher heuchlerische Züge trägt:

Es ist der absolutistische Anspruch, allein mit der anthroposophischen Erkenntnismethode den Menschen in seiner Ganzheit zu erfassen, zu deuten und letztlich auch allein erlösen zu können.

---

[76] Kügelgen, a.a.O., S. 102
[77] ebd., S. 15

Der konfessionelle Religionsunterricht in seiner Randexistenz[78]

Aufgrund der negativen Haltung Steiners zu den Kirchen ist die Stellung der konfessionellen ReligionslehrerInnen an Waldorfschulen eine zähneknirschend geduldete. Das macht sich wie folgt bemerkbar:

- Konfessionelle ReligionslehrerInnen haben eine exterritoriale Stellung, d. h. sie gehören eigentlich gar nicht richtig zum Kollegium, sondern geben nur ihren Unterricht und gehen dann wieder, häufig ohne die lästigen pädagogischen Konferenzen an den rituellen Donnerstagen mitmachen zu müssen bzw. zu dürfen. Zu den internen Konferenzen werden sie niemals zugelassen.
- An vielen Schulen wird der Religionsunterricht in der Woche nur einstündig erteilt. (Manchmal sind auch zwei Klassen zusammengefasst, wenn nur wenige SchülerInnen in die jeweilige Religionsgruppe gehen.)
- Wenn die KlassenlehrerInnen dringend eine Zusatzstunde brauchen, wird gerne die Religionsstunde dafür genommen. Auch Kayser und Wagemann schreiben hierzu: *„Die Tatsache, dass an Waldorfschulen katholischer, evangelischer und freichristlicher Religionsunterricht als Fach unterrichtet wird, kann fast als Tarnung bzw. als Zugeständnis an Elternwünsche und Öffentlichkeit gesehen werden."*[79]
- ReligionslehrerInnen werden nur selten in die internen Theaterdarbietungen, Vorbereitungen, Klassenfahrten, Elternkreise, Feste und vor allem Elternsprechtage einbezogen, ihre Stellung bleibt demzufolge sehr stark marginal. Die konfessionellen Lehrkräfte haben deshalb keine stabile Position, die wirklich ernst genommen wird.

Das Selbstverständnis der Freien christlichen ReligionslehrerInnen ist dagegen ein zutiefst anthroposophisch-christologisch durchtränktes. LehrerInnen, die diesen Unterricht erteilen, haben sich intensiv mit der

---

[78] vgl. Cornelia Giese, Rudolf Steiner und die Waldorfschule, 2008
[79] Kayser/Wagemann, a.a.O., S. 160

Christologie Steiners auseinandergesetzt, gehen seinen Schulungsweg und glauben an seine Schauungen.

Der Umstand, dass der konfessionelle, d. h. evangelische und katholische Religionsunterricht von Anfang an (seit Gründung der ersten Waldorfschule 1919) erteilt wird, ist bis heute nichts weiter als ein „Kompromiss". Er soll verhindern, dass die Waldorfschule als eine Religionsschule durchschaubar wird – hat also eine Makulaturfunktion, trotz der gegenteiligen Beteuerung, dass sich das Kind später selbst „frei" entscheiden könne. Zudem sollen auch die Eltern der jeweiligen Konfessionen nicht verschreckt werden.

„Wir werden ja mit Bezug auf die Unterweisung von Religionsunterricht Kompromisse schließen müssen; das wissen Sie ja. Dadurch wird in unseren übrigen Unterricht dasjenige nicht hineinfließen können, was einmal allen Unterricht als religiöses Element wird durchseelen können. Daß wir solche Kompromisse schließen müssen, rührt davon her, dass eben die Religionsgesellschaften sich heute in einer kulturfeindlichen Weise zur Welt stellen."[80]

Über den konfessionellen wird der eigene anthroposophische oder christengemeinschaftliche Religionsunterricht abgesichert. Denn die Hüter in Dornach haben darauf geachtet, dass Steiners Doppelstrategie, die ihm selbst ja auch sehr wichtig war, weiter gefahren wird.

Entwicklung und Erziehung des Kindes nach anthroposophischem Weltbild soll so eine perfekte Gehirnwäsche werden. Und nach außen hin gibt man sich als offene, weltanschaulich nicht festgelegte „Freie Waldorfschule". Denn dann ist es nicht mehr nötig, anthroposophische „Dogmen" zu erlassen, bzw. Anthroposophie als eigenständiges Fach zu unterrichten, ganz abgesehen davon, ob dies erlaubt werden würde und nicht öffentliche Gelder damit für immer versiegen würden.

---

[80] Rudolf Steiner, Erziehungskunst. Methodisch-Didaktisches, Zweiter Teil. 5. Aufl., Rudolf Steiner Verl., TB-Ausg. 618 (GA 294), Dornach 1986, S. 168

Das erste Jahrsiebt oder „Das kleine Kind als Plumpsack oder Mehlsack"

Nach Steiner hat jeder erwachsene Mensch vier Wesensglieder ausgebildet: Physischer Leib, Ätherleib, Astralleib und Ich.

Diese so genannten Wesensglieder sind jedoch noch in jungen Jahren von einer Art Hülle umgeben, die erst im Laufe der Jahre abstreift werden. Erst dann sind diese Teile entwicklungs- und ausbaufähig. Diese Entwicklung der einzelnen Wesensglieder vollzieht sich nach Steiner in Siebenjahresrhythmen (den Hebdomaden). Von der Geburt bis zum siebten Lebensjahr ist der werdende Mensch daher im ersten Jahrsiebt. Hier ist er in erster Linie von der physischen (körperlichen) Hülle umgeben. Es geht hier darum, die körperlichen Organe natürlich und gesund auszubilden. Das Kind muss mit Hilfe seiner Fantasie ergänzen, was noch nicht ausgeformt, sondern nur angedeutet ist. Deshalb sind Waldorfs auch für Puppen ohne Gesichter und gegen „schöne Fabrikpuppen", bei denen die Fantasie nicht mit angeregt wird. Bei der Auseinandersetzung mit der Umwelt geht es in erster Linie um Nachahmung und darum, am Vorbild zu lernen.

ErzieherInnen sollten also für die Kinder ein Vorbild sein, das sie nachahmen können. Das wäre ja auch in Ordnung, doch Steiner geht noch weiter. Auf das Kind wirken angeblich auch alle moralischen, unmoralischen und törichten Handlungen, aber auch die Gedanken, die ein Erwachsener hat. Besonders die Gedanken, so Steiner, hinterlassen einen nachhaltigen Eindruck auf das heranwachsende Kind. Lippert kommentiert dazu nicht ohne Spott: „Es reicht also, dass sich die Mutter über die Schwiegermutter ärgert, der Vater insgeheim seinen Chef zum Teufel wünscht oder beide schlicht und ergreifend Lust auf Sex haben – schon ist es passiert: Sie haben ihr Kind – so glaubt Steiner – für immer bis in seine innersten Organe geschädigt: ‚Man kann in der Folgezeit nicht wieder gutmachen, was man in der Zeit bis zum siebten Jahre als Erzieher versäumt hat'. Eine nach anthroposophischem Maßstab schlecht ausgestattete Umgebung, schlechte Vorbilder führen nach Steiner zu Krankheit. Im Umkehrschluss bedeutet das: Kaum eine Krankheit gibt es, die nicht auf falsche Erziehung und Umgebung während der ersten sieben Jahre zurück geführt werden muss und infolge dessen irreparabel ist. Gesundes Sehen zum Beispiel bildet sich nur mit angemessenen Farb- und Lichtverhältnissen. Ideal seien für gesunde Kinder im ersten Jahrsiebt rosa getupfte Wände, da sie im Innern die beruhigende Gegenfarbe grün produzierten. Im Gehirn und im Blutumlauf bildete sich dann die körperliche Veranlagung für einen ‚moralischen Sinn'."[81]

So meint Steiner auch, dass ein Kind, das mit einem zornigen Menschen aufwächst, sein gesamtes Gefäßsystem für immer ruiniere.

Steiner schreibt auch: *„Das kleine Kind ist noch ein Plumpsack, ein Sack, der nicht neugierig ist, auf den man Eindruck machen muss dadurch, dass man selbst etwas ist. Gerade so wenig wie ein Mehlsack neugierig ist auf seine Umgebung, gerade so wenig ist das kleine Kind neugierig. Aber wie alles, was Sie in den Mehlsack an Eindrücken machen, festgehalten wird, insbesondere wenn das Mehl gut gemahlen ist, so bleibt dem Kind auch alles festgehalten."*[82]

[81] Lippert, a.a.O., S. 89
[82] Steiner, zitiert nach: Charlotte Rudolph, Waldorferziehung, Wege zur Versteinerung, 4. Aufl., Darmstadt 1988, zitiert nach: Lippert, a.a.O., S. 90

Das zweite Jahrsiebt oder „Die Ätherhülle wird abgestreift"

In dem zweiten Jahrsiebt wird der Ätherleib richtig ausgebildet, die Ätherhülle des Ätherleibes abgestreift. Mit dem Schulalter beginnt nach Steiner die Phase des Kindes, da auf sein Temperament, seine Neigungen und Gewohnheiten, sein Gewissen und sein Gedächtnis bewusst Einfluss genommen werden kann. Und das soll dem Klassenlehrer oder der Klassenlehrerin obliegen, wobei, wie bereits anfangs erwähnt, die Klassenlehrerin eher das Umhüllende und Versorgende darstellen sollte. Doch der typische Klassenlehrer sollte sich im zweiten Jahrsiebt als absolute Autorität präsentieren.

Während das Kind im ersten Jahrsiebt noch nachahmen sollte, darf es jetzt genießen, alles „schön" finden, und zwar bis zum 14ten Lebensjahr. Natürlich lernt es das wieder durch den Klassenlehrer oder die Klassenlehrerin. Durch die Empfindung, die es ihm oder ihr entgegenbringt, lernt es auch, die Welt als sympathisch oder unsympathisch zu empfinden. Diese Sympathien und Antipathien bilden dann das moralische Urteil aus, die Unterscheidung von „Gut" und „Böse". Dies soll der Klassenlehrer oder die Klassenlehrerin dadurch ausbilden, indem es als richtiges Erziehungsmittel die „geistige Anschauung" wählt. Da Steiner meint, dass das Kind bis zum 14. Lebensjahr noch nicht zum begrifflichen Denken fähig ist, muss der Lehrer oder die Lehrerin durch sprachliche Bilder und Beispiele wirken.

Nicht abstrakte Begriffe, sondern das Geistig-Anschauliche soll, wie alles, wieder vor das Kind hingestellt werden, es durchdringen, umweben und so auf es wirken. Gleichnisse und Verse werden deshalb immer und immer wieder aufgesagt. Und Steiner betont, dass es in diesem Lebensabschnitt das Gedächtnis schulen sollte, allerdings meint er widersinniger Weise: „Dafür muss (!) es die zu lernenden Dinge nicht verstehen. Das Kind soll nicht verstandesmäßig begreifen. So, wie es als Kleinkind die Muttersprache erlernt hat, ohne zum Beispiel die Grammatik zu verstehen, soll sich das Kind schon jetzt Dinge aneignen, die es erst später begreifen kann. (...) *Der Verstand ist eine Seelenkraft, die erst mit der Ge-*

schlechtsreife geboren wird, auf die man daher vor diesem Lebensalter gar nicht von außen wirken sollte. Bis zur Geschlechtsreife soll sich der junge Mensch durch das Gedächtnis die Schätze aneignen, über welche die Menschheit gedacht hat, nachher (ab dem 15. Lebensjahr) ist die Zeit, mit Begriffen zu durchdringen, was er vorher gut dem Gedächtnis eingeprägt hat.'"[83]

Diese Sichtweise ist allerdings sehr problematisch, denn problemorientiertes Lernen, so wie staatliche Lehrkräfte das dem Kind in adäquater Weise darzubringen versuchen, fällt dabei vollkommen hinten rüber. Die Transferleistung, dass die SchülerInnen das soeben Gelernte auf eine andere Problematik oder einen anderen Bereich übertragen, das Wissen gewissermaßen anwenden können, fällt ebenso weg. Ich habe deshalb oft festgestellt, dass ihnen das selbständige Denken schwerer fällt als anderen SchülerInnen eines vergleichbaren Gymnasiums oder sogar einer Hauptschule. Denn wenn man jahrelang nur nachbeten soll, bzw. reproduzieren muss, kann man nicht plötzlich eigenständige Meinungen zu dem komplexen Themenbereich entwickeln.

Ganz abgesehen davon, dass es unterschiedliche Entwicklungen bei SchülerInnen gibt, die in diesem Schema überhaupt nicht berücksichtigt werden. Wieso sollte ein früh entwickeltes oder gar hochbegabtes Kind, wie Steiner ja selbst scheinbar offensichtlich eines war (sofern sein Lebensgang nicht auch von ihm geschönt wurde), sich nicht vor dem 14ten Lebensjahr mit Geometrie oder einem anderen abstrakten Problem beschäftigen dürfen? Das ist gar nicht einzusehen und auch in der anthroposophischen Lehre unlogisch, da Steiner ja auch keine körperlichen Schwerbehinderungen aufgrund der Beschäftigung mit Geometrie (bereits als 10 Jähriger) davon getragen hat.

---

[83] Lippert, und Steiner nach Lippert, a.a.O., S. 94

Das dritte Jahrsiebt[84] oder „Die Geburt des Astralleibes"

Im dritten Jahrsiebt oder auch mit der Geschlechtsreife, die Steiner auch mit „Erdenreife" umschreibt, ist anthroposophisch gesehen die Geburt des Astralleibes fällig, der mit dem Tierreich besonders verbunden ist. Da die seelischen Prozesse und die Ausgestaltung des Ätherleibes jetzt abgeschlossen sind, werden jetzt all die Kräfte frei, die für die Heranbildung des Astralleibes nötig sind. Hier wird die Hülle des Astralleibes abgestreift und der Mensch wächst mit dem 14. Lebensjahr in die Geschlechtsreife hinein. Auch hier berücksichtigt Steiner offenbar keine geschlechtsspezifischen Unterschiede zwischen Jungen und Mädchen, genauso wenig wie individuelle oder kulturelle. Sonst müsste ja auch sein Schema abgewandelt oder gar individualisiert werden, also in Wahrheit auf den Menschen und seine Natur eingehen. Doch stattdessen wird pauschalisiert und stellenweise auch verabsolutiert. So zum Beispiel wenn Steiner daher kommt und sagt: *„Es gibt kein gesundes Denken, dem nicht ein auf selbstverständlichen Autoritätsglauben gestütztes Empfinden für die Wahrheit vorangegangen wäre."*[85]

So einfach ist seine Argumentation, denn wenn es das doch gibt, so kann er postulieren, dann ist es eben nicht gesund.

Doch zum Glück kann der Unterricht an Waldorfschulen jetzt zunehmend auch wissenschaftlichen Charakter haben. Es geht jetzt von der LehrerInnenseite darum, die SchülerInnen in ihrer Lernbegierde und in ihrem Freiheitsdrang in die richtigen Bahnen zu lenken. Allerdings dürfen sie immer noch keine „Kulturkritik" üben. Steiner meint hierzu: „Es

---

[84] Das vierte Jahrsiebt umfasst das 21. bis 28. Lebensjahr und soll hier unberücksichtigt bleiben, da der Mensch im Normalfall dann nicht mehr zur Schule geht. Es ist die Zeit der Selbststeuerung und Selbsterziehung. Es gibt auch noch das fünfte Jahrsiebt, in dem die Empfindungsseele geboren wird, im sechsten Jahrsiebt wird dann die Verstandes- oder Gemütsseele geboren usw. Im Idealfall finden in diesen Hebdomaden bis zum Tod des Menschen eine zunehmende Vergeistigung statt.

[85] Steiner, Die Erziehung des Kindes vom Gesichtspunkte der Geisteswissenschaft, in: ders.: Arbeitsfelder der Anthroposophie. Medizin der Pädagogik, Vorträge und Aufsätze. Ausgewählte Werke, Bd. 8, Fischer, Frankfurt a.M., 1985, S. 60

ist ein Unding, wenn solche jungen Menschen schon urteilen und auf die Kultur, auch schon im kleinsten Umfang, Einfluss ausüben wollen."[86]

Doch da zur Kultur im Allgemeinen alles gehört, was der Mensch geschaffen hat: Wissenschaft, Kunst, Sprache, Erziehung, Politik, gesellschaftliche Normen, Technik, Wirtschaft usw., fragt Lippert deshalb nicht ohne Ironie: Worüber der ältere Waldorfschüler urteilen darf?[87]

Steiner liefert uns allerdings bei seinen Bemerkungen zum dritten Jahrsiebt doch noch ein paar Differenzierungen zwischen der Entwicklung der Mädchen im Gegensatz zu der der Jungen. So sollen Mädchen stärkere astralische Geburtswehen haben, gemeint ist hier die Verbindung von Astralleib und Ich, und daher stärker extrovertiert (weltoffen) sein als die Jungen, die demzufolge stärker introvertiert, also in sich gekehrter sein sollen. Er meint sogar, dass das in Extremfällen zur Eitelkeit und Koketterie führen könne. „Es wird mit Worten und seinem Verhalten darauf bedacht sein, Männern zu gefallen und sie erotisch zu reizen, meint Steiner."[88] Um der „Rüpelhaftigkeit" der Jungen etwas entgegen zu setzen, werden die Lehrkräfte nun von Steiner angewiesen, die „Erotik auf das richtige Maß" zurück zu schrauben und ihr Schönheitsempfinden zu wecken. Es geht um ein ästhetisches Empfinden für die Welt, die Natur, des Sittlich-Guten und Religiösen. Dahin soll das Auge der SchülerInnen gelenkt werden. Kein leichtes Unterfangen im Zeitalter des Computers mit seinen Internetrollenspielen, Pornodarstellungen, und seichten Fernsehunterhaltungsangeboten. Und vor allem, wie soll das erfolgreich verlaufen, wenn gerade über diese Kulturprodukte kein negatives Urteil gefällt werden darf? Was Steiner ja verlangt. Und vor allem, wie kann man im dritten Jahrsiebt der Geschlechtsreife etwas entgegensetzen, wenn das, was die Jugendlichen am meisten beschäftigt, komplett tabuisiert wird. Sexualkundeunterricht gibt es ja an Waldorfschulen nicht, da Steiner meinte, die Beschäftigung damit sei bis zum 21. Lebensjahr krankhaft.

Die Ängstlichkeit der WaldorfpädagogInnen bis hin zur Tabuisierung der Fragen, die mit Sexualität, Erotik und Sexualpädagogik zu tun haben,

---

[86] Steiner, zitiert nach: Lippert, a.a.O., S. 95
[87] ebd., S. 95
[88] ebd., S. 96

erklärt sich wiederum aus Steiners Weltsicht: „Nicht nur Sex und Erotik, auch die Fortpflanzung empfand Steiner als etwas ‚Niedriges', ‚etwas Verderbliches', wenn der Mensch ‚sie in den Dienst seiner Leidenschaften und Triebe zwingt'. Anders sei die Fortpflanzung, nicht aber Sex und Erotik, einzuschätzen, ‚wenn er sie durch die Einsicht adelt, dass Göttliche Geisteskraft in ihnen liegt'. (Hervorhebung Steiner) Denn dann wird der Mensch die Fortpflanzung ‚in den Dienst der Erdenentwicklung stellen und die Absichten der charakterisierten höheren Wesenheiten durch seine Fortpflanzungskräfte ausführen'."[89]

Hier unterscheidet sich Steiner dann nicht mehr von der Moral der katholischen Kirche, die Geschlechtsverkehr nur dann zulässt, wenn auch Kinder gezeugt werden. Wie Steiner diese seine katholisch gefärbte anthroposophische Moral dann allerdings mit seiner Mitgliedschaft im O.T.O verbinden konnte, in der solche Sexualpraktiken als Opferdienste praktiziert wurden, bleibt mir ein Rätsel. Oder auch nicht, vielleicht will er, dass man nur hier sich als Opferdienst der körperlichen Geschlechtlichkeit hingibt? Jedenfalls trauert er einer Zeit nach, in der Sexualität noch edel war und als „Opferdienst zur Fortführung des menschlichen Daseins" gelebt wurde.

„Die Geschlechtsliebe wurde durch unmittelbare Gedankenübertragung in den Menschen eingepflanzt. Und alle ihre Äußerungen waren zunächst von der edelsten Art (...) Es gab in diesen älteren Zeiten keine Befriedigung des Geschlechtstriebes um seiner selbst willen. Alles war hier Opferdienst zur Fortführung des menschlichen Daseins. Die Fortpflanzung wurde als eine heilige Sache betrachtet, als ein Dienst, den der Mensch der Welt zu leisten hat. Und Opferpriester waren die Lenker und Regler auf diesem Gebiete." (Steiner, Hervorhebung S.L.)[90]

Wenn man das von Steiner so liest, könnte man doch annehmen, dass die Theorie von dem Neurologen Wolfgang Treher zutreffen möge, der bei ihm ebenso wie bei Hitler eine Schizophrenie nachzuweisen glaubt. „Durch die absonderen Erlebnisse des ‚Sehers' Rudolf Steiner fühlt sich der Psychopathologe sehr bereichert. (...) Steiners Schizophrenie führt zu

---

[89] ebd., S. 97
[90] ebd., S. 97 f.

den ungeheuerlichsten ‚Strapazen' und Martern, aber sein Ich fühlt sich danach gekräftigt. (...) Steiner zeigt uns, wie man auf empirischem Wege dahin kommt, das Ich von der ihm zugeordneten Seele zu unterscheiden. Was sich teilt und unablässig immer weiter teilt und zerfällt, ist nicht das Ich, sondern seine Seele, die an ihm sitzt wie das Fleisch auf den Knochen. Wenn die Seele zersplittert in Abertausende von Bruchstücken, so findet das Ich doch immer wieder einen Seelenrest, auf dem es triumphierend „höhersteigen" kann.[91]

Ob die folgenden Schauungen Steiners auch auf der Grundlage dieser oben prognostizierten Analyse Trehers zu deuten sind, bleibt den LeserInnen indes selbst überlassen.

„*Und das letzte Ergebnis in dieser Richtung wird sein, dass er (der Mensch, C.G.) durch seine auf der Höhe ihrer Vollkommenheit angelangten Sprechorgane sich selbst – seinesgleichen – hervorbringen wird. Die Sprechorgane enthalten also in sich gegenwärtig keimhaft die zukünftigen Fortpflanzungsorgane. Und die Tatsache, dass beim männlichen Individuum in der Zeit der Geschlechtsreife die Mutierung (Stimmveränderung) auftritt, ist eine Folge des geheimnisvollen Zusammenhanges zwischen Sprechwerkzeugen und Fortpflanzungswesen.*"[92]

Auf diesem Hintergrund kann man die Sprachpflege, die Sprachübungen und die gesamte Sprachgestaltung der AnthroposophInnen jedenfalls in einem ganz anderen Lichte betrachten. Es sind im anthroposophischen Sinne vorweggenommene Kopulationsübungen.

---

[91] Wolfgang Treher, Hitler, Steiner, Schreber, Gäste aus einer anderen Welt, Emmendingen 1990, S. 76

[92] Rudolf Steiner, Aus der Akasha-Chronik, Sonderdruck aus der Zeitschrift ‚Lucifer-Gnosis' 1904, Nr. 14, 1908, Nr. 35, Basel 1955, S. 230

Die Spracherziehung in der Waldorfschule

Da wir soeben etwas über die Bedeutsamkeit der Sprechorgane erfahren haben, die in Zukunft als unsere Fortpflanzungsorgane fungieren, bekommt die Sprachgestalterin als zukünftige Gynäkologin eine ganz besondere Bedeutung!

Doch trotz Sarkasmus, verfehlen die Sprachübungen bei Waldorfs oftmals nicht ihre Wirkung und können sogar effizient sein, denn der Wille versetzt ja bekanntlich Berge, genauso wie der Glaube. Da bildet der anthroposophische keine Ausnahme. Der Sprachrhythmus, Metrik und Poetik spielen im Deutschunterricht eine große Rolle. Die Rezitation und das Theaterspielen sind hier wichtig, sie stellen ja auch einen sinnvollen Weg dar, die Dichtung zu begreifen. Das Sprachhandeln und die Sprache im Allgemeinen stehen in unmittelbarer Verbindung mit dem Bewegungstanz in der Anthroposophie (der Eurythmie). Hierbei soll man geistige Einsichten erwerben können. Stimmübungen werden als Allheilmittel und anthroposophische Geheimwaffe, genauso wie Eurythmieübungen gegen alles eingesetzt. Wenn man unter Liebeskummer, Depressionen, Frühjahrsmüdigkeit und Wechseljahrbeschwerden leidet, immer heißt es: „Geh doch mal nachmittags zu xy, die kennt eine gute Übung dazu, oder mach doch mal ..." Manchmal wird so übertrieben, dass man meint, jede Krankheit, jede „seelische Verhärtung oder Verbiegung" mit den richtigen Sprach- und Stimmübungen, oder mit den richtigen Bewegungen aus der Eurythmie, beseitigen zu können. So hat mir z.B. mal eine Kollegin zu solchen Übungen geraten, um meine Stimmfestigkeit zu trainieren, wie sie sagte, ich glaubte allerdings, dass sie damit eher meine Demut entwickeln wollte. Ich war ihr nämlich zu willensstark und eigenständig, aber vor allem zu intellektuell und verkopft, wie sie meinte. Und das ist ja bei den Anthros das Hinterletzte und steht auf einer Stufe mit dem Luziferischen, dem teuflisch Geistigen, im Gegensatz zum Ahrimanischen, dem teuflisch Triebhaften. Allerdings konnte sie nicht wissen, dass ich um die anthroposophische Bedeutung wusste.

Wie sieht aber nun die Praxis einer solch anthroposophisch inspirierten Sprachgestaltung aus? Welche Früchte trägt sie, und welche Probleme

bringt sie möglicherweise mit sich. Diese Fragen haben sich auch das e-
hemalige und „ausgestiegene" Anthroposophen-Ehepaar Baumann-Bay
gestellt, die beide in Dornach studierten und in der Anthroposophischen
Gesellschaft Mitglieder waren. Sie absolvierten sogar eine Eurythmie-
Ausbildung. Im Hinblick auf die Sprachgestaltung meinen sie: „Nun, vor
allem droht diese Glorifizierung des Lautes in die Sackgasse des Forma-
lismus zu geraten. Denn wenn der Laut wichtiger wird als die Aussage,
verkommt die Sprache schnell einmal zu einem ästhetisierenden
Tönen und Singen. Und tatsächlich liegt hier eines der Probleme anthroposophischer Sprechkunst. Der Versuch, die einzelnen Laute schön und
würdevoll zu artikulieren, geht oft auf Kosten des gedanklichen Gehalts
der Texte. Es entsteht auf diese Weise ein selbstgefälliges Lautieren, das
sich im schlimmsten Fall bis zu einer völlig übertriebenen und unerträgli-
chen Pathetik steigern kann. Sprachgestalter, die es derart gut meinen mit
ihrer Ehrfurcht vor dem Lautwesen, tönen dann manchmal wie brünstige
Hirsche."[93]

Deshalb stellen sie am Ende auch fest, dass sprachkünstlerische Darbie-
tungen von AnthroposophInnen ein jüngeres Publikum nicht oder sehr
selten erreicht und begeistert. „Überstilisierung, Künstlichkeit, Pathetik,
mangelnde persönliche Präsenz der Schauspieler und Schwülstigkeit sich
die typischen Probleme, die beklagt werden."[94] Dasselbe habe auch in bei
den WaldorfschülerInnen meiner Schulen festgestellt, denn die Sprachgestaltung ist etwa so (un)beliebt wie das Fach Eurythmie. Und besonders
im Deutschunterricht, wenn die SchülerInnen für das Klassenspiel üben
oder ein großes Theaterstück aufführen müssen, geht das nicht ohne anthroposophische Sprachgestaltung.

---

[93]   Lydie und Andreas Baumann-Bay, Achtung, Anthroposophie! Ein kritischer Insider-
       Bericht, Stuttgart 2000, S. 114
[94]   ebd., S. 115

Das bildhafte Schreibenlernen, der schnellste Weg in den Analphabetismus?

Zweimal passierte es mir während meiner Lehrtätigkeit, dass Schüler (ausschließlich Jungen aus der 11. Klasse) zu mir kamen und mich baten, ich solle sie nicht beim Lesen dran nehmen, da sie nicht lesen und schreiben könnten. Ich war verblüfft, zunächst hielt ich ihre Bitte für einen Scherz, doch dann war ich betroffen als ich merkte, dass es sich hier tatsächlich um eine traurige Realität handelte. Wie konnte das sein, dass SchülerInnen elf Schuljahre durchlaufen, ohne am Ende lesen und schreiben zu können. Einzelphänomene? Keineswegs. Feststellen konnte ich, auch im Vergleich zu anderen Klassen staatlicher Schulen, an denen ich oft zeitgleich unterrichtete (vertretungsweise), dass tatsächlich in allen Waldorfklassen eine enorme Lese- und Rechtschreibschwäche bei überdurchschnittlich vielen SchülerInnen vorlag. Manche von ihnen besuchten sogar extra einen Förderunterricht. Die Krux liegt m. E. in dem spielerischen Lesen- und Schreibenlernen während der ersten beiden Schuljahre, in denen die SchülerInnen das Schreiben spielerisch aus Bildern beigebracht bekommen, ohne das Erlernte hinreichend üben zu müssen. Charlotte Rudolph fragt deshalb kritisch an: „Wie denn hier durch Erzählen und andere phantasiefördernde Mittel dem Intellekt aus dem Weg gegangen werden kann."[95]

So wird z.B. das F aus dem Fisch, das Q aus der Quelle und das B aus dem Bären entwickelt. Das richtige Einüben jedoch, d.h. dass die SchülerInnen hier angehalten werden, 10 oder 20 Mal hintereinander einen Buchstaben abzuschreiben, in einem Lesebuch Übungen dazu zu machen, Diktate zu schreiben usw., darauf wird von vielen KlassenlehrerInnen eben leider verzichtet. Der Intellekt soll ja nicht so früh eingesetzt werden, die Kinder befinden sich ja noch am Anfang des zweiten Jahrsiebtes. Kein Wunder also, dass das ein oder andere Kind dann irgendwann auf der Strecke bleibt. An staatlichen Schulen gibt es nicht nur ein Schul-

---

[95] Rudolph, a.a.O., S. 58

buch, sondern es wird ein ganz bestimmtes Lernniveau vorgegeben, das am Ende eines jeden Schuljahres erreicht werden muss. Nicht so bei Waldorfs. Da soll ja frei gelassen werden und man will ja gerade nichts zu früh machen, und „pauken" schon mal gar nicht. Schließlich glaubt Steiner, damit den Kindern körperlich vehement zu schaden, deshalb hier diese Zurückhaltung. Dass er selbst bereits in der Grundschule die Beschäftigung mit der Geometrie als höchstes Glück empfunden hat und deshalb nicht körperlich schwer behindert wurde, zählt nicht, oder bleibt dabei unberücksichtigt, wie überhaupt Widersprüche und Unstimmigkeiten nicht hinterfragt und analysiert werden. Kritik zu üben und analytisch vorzugehen, ist sowieso bei Waldorfs verpönt. Die Unterrichtsinhalte sollen lediglich dargestellt, vor das Kind hingestellt werden, es darf nur aufnehmen, fraglos in sich einsaugen. Wenn das keine Gehirnwäsche ist! Der Erziehungswissenschaftler Prange erklärt das so: „Doch immer dort, wo es um das Verständnis der Ergebnisse geht, bricht seine Darstellung ab. Das hat einen einfachen Grund. Es mag zwar sein, dass sich die Buchstaben, um auf das Paradebeispiel des Schreibunterrichts zu kommen, gattungsgeschichtlich aus Bildern mit zunehmender Abstraktion entwickelt haben, und man kann sicher auch diesen Weg, wenn es den Kindern dadurch leichter wird, noch einmal nachgehen. Aber das, was entstanden ist, die Abstraktionsprodukte, sind unterdessen etwas anderes geworden, werden auch anders genutzt und stehen in einem eigenen Kontext. Die Bedeutung kann nicht mit der Herkunft identifiziert werden (...). Was also tatsächlich geschieht, ist die Fixierung eines kindlichen Lernens, das in der Substanz beibehalten und einem ‚tieferen', erlebnishaften Lernen stilisiert wird."[96]

Um bei dem Beispiel des B's zu bleiben, dass sich aus dem Bären spielerisch entwickelt: es nützt gar nichts, wenn das Kind dabei stehen bleibt, das B nur in dem Wort Bär zu erkennen, irgendwann sollte es fähig sein, den eigenständigen Abstraktionswert des B's zu erkennen und diesen in anderen Wörtern identifizieren zu lernen, die nichts mit dem Bild des Bären gemeinsam haben. Dieser Prozess wird allerdings behindert oder zu

---

[96] Prange, a.a.O., S. 134

sehr verzögert, wenn man nur beim Dargestellten stehen bleibt und nicht in ausreichender Weise die abstrakten Buchstaben in immer wieder neu zusammengestellten Kontexten üben oder auch pauken lässt, um am Ende keine mangelhaften Lese- und Schreibleistungen beim Kind zu ernten.

Das Alphabet wird bei Waldorfs nicht direkt im synthetischen Schreibunterricht, noch über die Ganzwortmethode eingeführt, sondern malerisch werden die Buchstaben aus einer ihnen zugrunde liegenden Seinsweise, die auch in den Wörtern, in denen diese Buchstaben vorkommen liegt, entwickelt.

„Dabei zeigt sich, dass es nicht darum geht, etwas Abstraktes, das ,eigentlich' gelernt wird, dem Kind durch ein anschauliches Arrangement zugänglich zu machen, sondern es geht darum, das ganze Lernen des Kindes so anzusprechen, dass die Buchstaben wie Wesen nahe kommen, dass Vokale und Konsonanten Sendboten der Seele und des Skelettartigen sind; und sie sind es nicht nur für das Bewusstsein des Kindes, in Geschichten und Erlebnisse, die ihren inhaltlichen Rückhalt an früheren Kulturstufen haben. Der Schreib- und Lesevorgang wird genetisch rekonstruiert; so wie die Menschheit die Buchstaben aus Bildern und Bildkürzeln zu den heutigen Formen entwickelt hat, so vollzieht und wiederholt das Kind dieses Stück der Gattungserfahrung."[97]

Und ob diese Art des Lernens den Anforderungen des 21. Jahrhunderts entspricht, wage ich allerdings zu bezweifeln.

Liegt es somit vielleicht im System von Waldorf begründet, dass WaldorfschülerInnen (meistens mehr Jungen als Mädchen) hier ein wichtiger kognitiver Schritt, verbunden mit einer kognitiven Leistung, verweigert wird und sie deshalb so schlecht lesen und schreiben können? Haben sie deshalb im Vergleich zu anderen SchülerInnen anderer Schulen, eine größere Lese- oder Rechtschreibschwäche? Oder ist es nicht bei manchen AnthroposophInnen auch ein ganz bewusster „Schachzug" im Getriebe des Steiner-Systems, auf diese Weise die späteren AnhängerInnen zu rekrutieren? Denn ähnlich wie bei den Zeugen Jehovas, legt man hier auch nicht so viel Wert auf die analytischen, reflektorischen und damit

---

[97] ebd., S. 108

kognitiven Fähigkeiten, denn sie führen ja letztlich auch dazu, das eigene System in Frage zu stellen und zu kritisieren, und Manipulationen besser zu durchschauen, und wer will das schon bei Waldorfs? Dann ist man ja nicht mehr gläubig. Und der, der auf dem allgemeinen Bildungs- und Arbeitsmarkt weniger Chancen hat (vielleicht weil er nicht so gut lesen und schreiben kann), kehrt letztlich wieder in den Schoß des Vaters der Anthroposophie zurück. Er wird AnhängerIn Rudolf Steiners und der Anthroposophie, geht seelendurchtränkt seinen Schulungsweg und bleibt somit dem System weiter erhalten.

Deshalb kann man resümierend sagen: „Lernen im Gesamtkunstwerke des Waldorf-Unterrichts ist buchstäblich ein Lernen ohne Besinnung, d.h. ohne systematische Reflexion und Erprobung der Reflexion an Gegenständen, vielmehr geht es um mitfühlende Anfänge, um das Hereinkommen und Mitmachen (unter der Autorität des Lehrers), so wie eben auch die Wege der höheren Erkenntnis zwar eingeleitet und angedeutet, aber nicht wirklich selbständig ausgeführt werden können. Es kommt hier nie zur Probe des Gelernten aus der Einsicht in einen eigenständig verfügbaren Zusammenhang, wie ihn der Unterricht in der 4. Stufe formuliert, sondern man lernt auf Vertrauen und Kredit, ohne sich selber überzeugen zu können, ob die Bank liquide ist. Deshalb geht es auch nicht ohne das Vertrauen in Menschheitsführer und Lehrer, die demgemäß durchaus den Gestus des Mehr-Wissens und höherer Einweihung darstellen sollen. (...) Das gilt für die Waldorferziehung im ganzen, es gilt auch für das Verhältnis von Kind und Lehrer."[98]

Das heißt natürlich nicht, dass die Kinder nicht nach einem genau festgelegten Plan geführt werden, im Gegenteil. Es wird kaum interpretiert, dagegen aber viel rezitiert: Gedichte, Monatssprüche, Wochensprüche, Sprüche für jedes Kind, Zeugnissprüche ... Dennoch bleibt das Lernen häufig nicht ergebnisorientiert, sondern erlebnisorientiert. Das lebendige Mittun wird hier im Gegensatz zum Pauken gesehen, wie es noch vor 80 Jahren üblich war, und wogegen viele Reformpädagogen damals zurecht aufbegehrten. Da war Steiner nicht der einzige, sondern dazu gehör-

---

[98] ebd., S. 131

ten ebenso Peter Petersen, Ernst Krieck, Hugo Gaudig, Heinrich Scharrelmann, Kerschensteiner und andere Reformpädagogen.

Doch heute geht das Unterrichten auch an staatlichen Schulen vom Kinde aus, manchmal sogar mehr als bei Waldorfs. Projektunterricht wird ebenfalls dort praktiziert, genauso wie der Epochenunterricht an manchen Gesamtschulen.

Das Einzige, was die Waldorfschule originär und universal macht, ist ihre Anthroposophie und damit die Geistschauungen Rudolf Steiners, die jede/m/r tätigen Waldorfpädagogen/in eine Art anthroposophische Priesterweihe verleihen. Schließlich modelliert man am zukünftigen Karma der SchülerInnen herum. Ich will damit keineswegs den Glauben an die gesamte Karmalehre verspotten, doch da wo sie dogmatische Lehre und fundamentalistischer Glaube wird, weist sie in einer Schullandschaft komische und unpädagogische Züge auf und ist letztlich für das Kind und seine Erziehung zumindest zweifelhaft und hinterfragbar.

Eurythmie, das verhasste Fach

Die Eurythmie ist eine anthroposophische Bewegungskunst, die Buchstaben, Wörter, Gedichte, Stimmungen in eine „künstlerische" Bewegungsform umsetzt, die von Steiner inspiriert wurde. Eine 18jährige junge Frau kam eines Tages mit ihrer Mutter zu Steiner und fragte ihn nach einer Ausbildung zur Mensendieck-Gymnastik, das war die Geburtsstunde der Eurythmie.[99] Denn dadurch fühlte sich Steiner berufen, eben auch eine anthroposophisch inspirierte „Gymnastik" zu entwickeln, die Eurythmie getauft wurde.

Und das Fach Eurythmie ist die „heilige Kuh" in jeder Waldorfschule, sie darf auf keinen Fall geschlachtet oder auch nur ansatzweise in Frage gestellt werden. Und das lassen sich die Waldorfs auch etwas kosten, denn das Gehalt für die Eurythmielehrerin wird nicht vom Staat bezuschusst, sie müssen es allein bezahlen. Es ist ein Fach, dem man wohl immer noch von staatlicher Seite eine gewisses Maß an Skepsis gegenüber bringt. Zu Recht, denn es ist wirklich höchst umstritten. Nicht nur, dass die Kinder es überwiegend abscheulich finden, und hundertmal lieber Sport dafür hätten (den Sportunterricht wollte Steiner ja auf eine halbe Stunde verkürzen). Den oftmals künstlich aussehenden Formen, die wirklich nur der Fantasie Rudolf Steiners entspringen, lassen sich oftmals nur schwer tanzen und in Bewegungen umsetzen, wie schon seine erste Schülerin vollkommen verzweifelt berichtet:

„Eines Tages brachte ... Marie Steiner eine von Rudolf Steiner ... gezeichnete Form für ,Die Hystrix' ... von Christian Morgenstern aus seinen ,Galgenliedern'. [...] hatte man das Gefühl, die Arme werden lang, schwer und unfrei. Die menschliche Aufrichte geht verloren! Und wenn dann noch das Wackeln des Oberkörpers und der wie ein Kreisel geschüttelte Kopf dazu kam, war die menschliche Gestalt vollends zerrissen, ausgelöscht, ja, in ihr Gegenbild verwandelt. Es war ... ein Tier, was da oben stand! Bis in die Gesichtsbildung fühlte ich mich verändert, ich hatte keinen Mund mehr, der vorgeschobene Unterkiefer bildete ihn zum

---

[99] vgl. Cornelia Giese, Rudolf Steiner und die Frauen, 2008

Maul um ..., gleich würde ich schäumen! Die Veränderung des Gesichtes war besonders schrecklich, und ich sah nochmal alle Angaben auf den Zeichnungen durch. Und was fand ich? ... ,Mit einem blaßblauen Schleier über den Kopf geworfen ...' Rudolf Steiner hatte also vorhergesehen, daß es notwendig sein würde, einen schützenden Schleier über das allzu krasse Geschehen zu werfen. Wirklich, es wäre nicht möglich gewesen ohne diesen Schleier. Aber ... noch etwas anderes war da. Das Hin- und Herwackeln des Oberkörpers und das Kopfkreiseln sollte bei der letzten Strophe und im ganzen Nachtakt wegfallen, so daß schon ein Abflauen des ,Nichtmenschlichen' und ein gewisses Zurückführen zu Form und Maß ... veranlagt war. Je länger ich mich mit dieser Aufgabe beschäftigte, um so klarer wurde es mir, daß sie letzten Endes doch nur mit ,Humor' bewältigt werden konnte. "[100]

Gegenüber diesem sehr ehrlichen Bericht von Lory Smits wirkt Steiners Behauptung ziemlich unglaubwürdig, die geheimnisvollen Rhythmen der Eurythmie seien der Natur abgelauscht und diese würde dann in den Bewegungen der eigenen Glieder nachgeahmt, um so zur Einbildung zu gelangen und man fühle sich eins mit der Natur und den in ihr waltenden Mächten.[101]

Hier handelt es sich keineswegs um natürliche Rhythmen, sondern im Gegenteil um vollkommen künstliche Bewegungsabläufe. Wenn man die obige Beschreibung von Lory Maier Smits liest, weiß man nicht, ob man angesichts ihrer unermüdlichen Bemühungen lachen oder weinen soll, so wie sie sich in die Sache hinein begeben hat.

Es gehört schon eine gewisse Anmaßung und eine gute Portion Selbstüberschätzung dazu, solch gestelzte und dem Körper oftmals zuwiderlaufende Bewegungen als höhere esoterische Weisheiten auszugeben.

Auch Assja Turgenieff, eine Eurythmistin, weiß zu berichten: „Wir durften uns nur frontal auf der Bühne bewegen, schon eine kleine Seitendrehung war ein Fehler und wurde unter uns als ,persönliches' Element, als etwas Luziferisches streng gemieden; auch musste die Form mit den

---

[100] Lory Smits, zitiert nach: Siegloch, Magdalene, Lory Maier Smits, Dornach 1993, S. 149 ff.
[101] Rudolf Steiner, zitiert nach: Siegloch, a. a. O., S. 25

kreisförmigen Übergängen ganz exakt herauskommen."[102] Weiter beschreibt sie, wie sie eine lange Übungszeit zusammen mit den anderen Eurythmistinnen durchmacht. Achtzeilige Dichtungen werden von ihnen nach streng geometrischen Formen, die Rudolf Steiner gab, ausgearbeitet. Marie Steiner wählt die Dichtungen aus und lässt keine Abweichung von den Vorstellungen, die sie zusammen mit Steiner entwickelt, bei den Eurythmistinnen zu.

Auch hier wieder die Diktion, das totalitäre Regiment des Meisters deutlich, von seiner Frau Marie von Sievers unterstützt und mitgetragen.

Aber wie soll auch ein vollkommen unkünstlerischer Mann, der selbst nie getanzt hat, solchen Übungen auch einen sinnvollen Bewegungsablauf verleihen können. Dass sich dennoch bis heute so viele Frauen finden, das Unmögliche möglich zu machen und immer wieder neue Formen auf der Grundlage seiner Fantasien weiter zu entwickeln, ist sowohl der Gutmütigkeit von Frauen als auch ihrer blinden Gefolgschaft und ihres naiven Vertrauens zuzuschreiben. Es sind eben überwiegend ganz bestimmte Wesen, die in durchsichtigen Eurythmiegewändern in den typischen, anthroposophischen Pastelltönen durch die Hallen und Räume huschen, engelsgleich und nicht ganz von dieser Welt. Obwohl es auch hier Brüche gibt. An unserer Schule hatten wir eine in schwarzer Lederkombi gekleidete Eurythmistin, die ein dickes ahrimanisches Motorrad fuhr und somit gleich auf dem Teufel persönlich ritt.

Doch an der Eurythmie kommen keine SchülerInnen vorbei, es ist ein Pflichtfach und das Herzstück der Waldorfpädagogik. Oftmals gibt es deshalb heftige Auseinandersetzungen zwischen SchülerInnen, Eltern und LehrerInnen, aber gewinnen werden in diesem Fall immer die WaldorflehrerInnen. Die heilige Kuh der Eurythmie bleibt unangetastet.

Zur Eurythmie bringt das anthroposophische Aussteiger-Ehepaar Baumann-Bay (selbst EurythmistInnen) auf den Punkt: „Die Eurythmie mag als Bühnenkunst einen gewissen Reiz haben, aber ihre Elemente und die Ansprüche, die Steiner an diese Kunst gestellt hat, ziehen den eurythmischen Künstler unweigerlich in die anthroposophische Weltanschau-

---

[102] Turgenieff, a.a.O., S. 67

ung hinein. Denn Eurythmie ohne Anthroposophie ist völlig undenkbar. Ohne die Laut- und Tongebärden Steiners, ohne die esoterischen Hintergründe wäre diese ‚neue Bewegungskunst' ja nichts anderes als Tanz oder Pantomime. Und das wäre nicht im Sinne ihres Schöpfers."[103] Auch wenn die anthroposophischen Gedanken Steiners im Fach Eurythmie an Waldorfschulen sicherlich nicht mit hinein kommen und unterrichtet werden, so legt es doch den Gedanken nahe, dass auch die Waldorfschulen hier alles darauf anlegen, ihre spätere Klientel hier zu rekrutieren, und sei es nur mit dem bekannten Wiedererkennungseffekt.

---

[103] Baumann-Bay, a.a.O., S. 111

Antiquierte Unterrichtsinhalte

An manchen Waldorfschulen werden auch heute noch Unterrichtsinhalte gelehrt, die in den Zeitgeist des 19./20. Jahrhunderts passten, jedoch längst überholt und daher zumindest nicht mehr zeitgemäß sind. Nehmen wir z.b. die Lehre von Atlantis, dass es zwischen Amerika und Europa einen Kontinent gegeben habe, der abgesunken sei. Atlantis soll dieser „untergegangene Kontinent" gewesen sein, weil er auf dem Atlantik möglicherweise diese beiden Kontinente (Amerika und Europa) miteinander verbunden haben soll. Zu Steiners Zeiten waren die Medien voll von diesem Atlantis-Mythos, fasziniert von der Idee, ein Kontinent sei versunken, und damit eine Kultur mit vollkommen anderen Lebensgewohnheiten und Glaubensansichten der Menschen. Steiner hat diese Phantasie der Menschen weiter ausgebaut und mit seinen „geistigen Schauungen" unterfüttert.

Geologisch wurde die These von Atlantis aber kurz nach Steiners Tod endgültig widerlegt, da Alfred Wegener 1912 den Kontinentaldrift entdeckt und dann noch zu Steiners Lebzeiten herausgefunden hatte, dass sich die Kontinentalplatten ausgedehnt hatten und nicht, wie zuvor angenommen, ein unbekannter Kontinent versunken sei.

Diese Theorie von Atlantis hat also nach dem Tode Steiners endgültig seine Plausibilität verloren, wird aber bis heute an vielen Waldorfschulen weiter gelehrt, als sei es ein historischer Tatsachenbericht. Das ist nur ein Beispiel von vielen anderen, wie bei Waldorfs verfahren wird. Zeitgenössisches Wissen (das Ende des 19. Anfang des 20. Jahrhundert vielleicht sogar fortschrittlich war) wird bis heute tradiert (weitergegeben), ohne zu wissen oder zur Kenntnis zu nehmen, dass die Wissenschaft das irgendwann ad acta gelegt hat. Ein Skandal, der ja von manchen AnthroposophInnen selber auch eingesehen wird. Wie z.B. von Kiersch, der in einem Interview mit dem katholischen Theologen und Historiker Zander das Zugeständnis machte, dass es ein Fehler sei, dass Atlantis an manchen Waldorfschulen heute noch gelehrt würde.[104]

---

[104] Podiumsdiskussion in Berlin zwischen Johannes Kiersch, Dorion Weickmann und Helmut Zander. Zum Streitgespräch über Anthroposophie trafen am 5. 12. 2007 in

Das Klassenlehrerprinzip, die autoritäre Führung

Der Klassenlehrer/die Klassenlehrerin soll die absolute Autorität verkörpern, denn nach Steiner hat das Kind im zweiten Jahrsiebt ein besonderes Bedürfnis nach Autorität und Nachfolge. Und diesem Bedürfnis wird seines Erachtens durch eine permanente Bezugsperson bis zum achten Schuljahr Rechnung getragen.

WaldofklassenlehrerIn kann jede/r werden, der/die eine abgeschlossene Berufsausbildung hat, zumindest für den künstlerischen und Werkbereich. Immer noch wird nicht unbedingt eine Lehramtsausbildung verlangt. Im Gegenteil, diese macht ja auch kritisch und verkopft, und möglicherweise resistent dem anthroposophischen Gedankengut gegenüber. „Waldorfinstitute" bieten eine zwei- bis dreijährige Lehrerausbildung an. Nur wer bereits das zweite Staatsexamen, also eine normale Lehramtsausbildung hat, kann im Schnellverfahren die einjährige Ausbildung zum Waldorflehrer durchlaufen.

Dabei ist zu bedenken, dass die WaldorflehrerInnen später von der Grundschule bis zur achten Klassenstufe alle Hauptfächer geben müssen. Hierzu gehören alle Stoffgebiete, mit Ausnahme der Fremdsprachen und der künstlerischen Fächer. Natürlich ist auch der Lehrer/die Lehrerin an der Staatschule für den gesamten Stoff zuständig, doch nur in der Grundschule, d.h. bis zur vierten Klasse. Deshalb gibt es gesonderte Ausbildungen für staatliche LehrerInnen:

- den Primarstufenbereich (1-4),
- den Sekundarstufenbereich I (5 – 10),
- den Sekundarstufenbereich II (10 – 13).

Anders an Waldorfschulen – hier sollen KlassenlehrerInnen den Primarstufenbereich und den Sekundarstufenbereich bis zur achten Klasse abdecken und sämtlichen Stoff möglichst umfassend beherrschen: Deutsch,

---

Berlin der Anthroposoph Johannes Kiersch und der katholische Theologe, Historiker und Politikwissenschaftler Helmut Zander aufeinander. Zander hatte zuvor ein über 1800 Seiten umfassendes und sehr empfehlenswertes Werk (seine Habilitationsschrift) über die „Anthroposophie in Deutschland" abgeliefert.

Geschichte, Mythologie, Sachkunde, Heimat-, Erd-, Menschen-, Tier-, Pflanzen-, und Gesteinskunde, Chemie, Physik, Geometrie, Rechnen. Des weiteren fällt dem Klassenlehrer/der Klassenlehrerin eine ungeheure Bedeutung zu. Charlotte Rudolph (eine ehemalige Waldorfschülerin) schreibt: „Die Dominanz des Lehrers wird mit allen erdenklichen didaktischen, pädagogischen, organisatorischen und psychologischen Maßnahmen gestützt und regelrecht inszeniert:

- ‚Die Sitzordnung bestimmt der Lehrer; der Unterricht ist überwiegend frontal, auf den Lehrer gerichtet.
- Über Lehrplan- und Unterrichtsgestaltung entscheidet der Lehrer im Rahmen eines allgemeinen Jahresplanes.
- Im Unterricht werden keine üblichen Lehrbücher verwandt; alles Wissen wird durch den Lehrer oder über Originaltexte vermittelt.
- Über die Lehrmethoden, Lehrinhalte und die Schulgestaltung und -verwaltung besteht Konsens bei den Lehrern; es gibt in der Regel keine Konkurrenzsituation unter den Lehrern, die die Autorität untergraben könnte.
- Enge Zusammenarbeit der Lehrer mit dem Elternhaus der Kinder; die Erziehung in der Schule und im Elternhaus soll sich gegenseitig unterstützen."[105]

Prange weist außerdem eindrucksvoll nach, dass im Klassenlehrerprinzip, im Epochenunterricht und in der „gesamtunterrichtlich-künstlerischen Verfahrensweise" die Waldorfschule ein Motiv der Herbartianer (traditionelle Pädagogen des 19. Jahrhunderts im Gegensatz zu den Reformpädagogen) realisiert.[106] Mit anderen Worten, Rudolf Steiner hat von Herbart abgekupfert, einiges umgewandelt, aber auch vieles weitgehend übernommen.

Wer glaubt, mit Hilfe der Waldorfschule seinen Kindern die Bewertungen einer Staatsschule erspart zu haben, der irrt. Hier bekommen die Schüler bis zur 11. Klasse keine Noten, doch die Leistungen, sein Cha-

---

[105] Rudolph, a.a.O., S. 25
[106] vgl. Prange, a.a.O., S. 104

rakter, sein Temperament werden weit reichender beurteilt, als das auf einer Staatsschule je möglich wäre. Und nicht immer geht die Beurteilung aus der Perspektive des Schülers/der Schülerin aus, und transparent ist sie schon mal gar nicht. „Hier ist nur festzuhalten, dass auch dieses Bewerten die zentrale und unersetzbare, ‚schicksalhafte' Stellung des Lehrers zeigt, so wie er ist, der alles Wesentliche unterrichtet. Nicht nur die Themen sind konzentriert und zentralisiert, sondern zugleich auch die Präsentation über einen Lehrer; denn dadurch kann die Einheitswirkung der Erziehung erhöht werden."[107]

So erfolgt eine umfasende Bewertung der SchülerInnen durch eine Person, nämlich durch den Klassenlehrer oder die Klassenlehrerin, 8 Jahre lang. Und was früher, vor 80 Jahren als Not galt, wenn in einklassigen Volksschulen die SchülerInnen acht Jahre lang unterrichtet wurden, so wird das jetzt kurzer Hand von Waldorfs zur Tugend erklärt.

Ein Bekannter von mir, ein Waldorfklassenlehrer, lässt sich von seinen SchülerInnen „Boss" nennen, die Kinder haben ihm sogar eine E-Mail Adresse eingerichtet: boss..@, wie er mir stolz verkündete. Das LehrerInnen-SchülerInnen Verhältnis *kann* acht Jahre lang gut gehen, oder aber auch nicht.

Tagtäglich müssen die WaldorfpädagogInnen, besonders die KlassenlehrerInnen, sich auf 40 Kinder einstellen, auch wenn die Klassenstärke in den letzten Jahren an einigen Schulen etwas zurück gefahren wurde, weil die Beschwerden der Eltern zu groß waren und der Vergleich mit einer Staatsschule zu negativ für die Waldorfschulen ausfiel. KlassenlehrerInnen müssen gut an die Tafel zeichnen, gut Geschichten erzählen können, gut jedes Kind beobachten, es in das richtige Temperament einteilen, sich Notizen machen, seine Entwicklung verfolgen, zweimal im Jahr ein verbales Zeugnis schreiben, öfter Elternbesuche absolvieren und vieles mehr. „Der Lehrer greift aus dem kosmischen Gefühl (aus Ideen entwickelt) in das kosmische Schicksal der Kinder ein; im Schulzimmer vollzieht sich das Weltgeschick. Hybrider kann man nicht vom Unterricht

---

[107] ebd., S. 114

denken; das ist ein pädagogisches Schamanentums großen Stils, magische Verbundenheit mit allem und jedem an jeder Stelle."[108]

Deshalb schreibt Prange nicht ohne Zynismus, es wird verkündet, dass der Lehrer für das Kind da sein soll, „aber faktisch gilt gerade das Umgekehrte: das Kind ist für den Lehrer da".[109]

Im Staatsschulbetrieb ist ein Lehrerwechsel vorgesehen, da ist kein Raum für anthroposophische Seelengesetze aus übersinnlichem Zusammenhang, da ist das Klassenziel und das zu absolvierende Pensum das oberste Gebot. Dieser Vorschrift muss sich auch die dienende Lehrkraft unterordnen. Doch Vorschriften können durch Kritik, Verhandlung und Neuentscheidung verändert werden. Und durch Lehrerwechsel, trotz der Umstellungs- und Umgewöhnungsschwierigkeiten, wird das Lernen und der Stoff in den Mittelpunkt gerückt und nicht die Person. Den SchülerInnen wird deutlich gemacht, dass sie nicht für das gute Verhältnis zum Klassenlehrer oder zur Klassenlehrerin lernen, sondern für sich selbst, für die Sache, für das vereinbarte Pensum. Anders bei Waldorf. Hier ist der Klassenlehrer oder die Klassenlehrerin der absolute Herrscher, bzw. die absolutistische Herrscherin, der Monarch, die Monarchin, oder, wie bei meinem Bekannten, „der Boss". Doch wer überprüft sie oder ihn? „Was spricht dagegen, das Lernen vom Lehrer abzubinden, den Lehrer also als kontigent zu setzen, um es theoretischer zu sagen, statt ihn in die Weiherolle eines Spirituals zu erheben, der aus der Gnade höherer Einsichten, die nicht kontrollierbar sind, weiß, was für den Schüler gut und richtig, wesensgemäß ist und was alles nicht? Das führt auf die Frage der Zeugnisse, die die Waldorfschule genauso kennt wie die Staatsschule, aber in anderer Funktion. Sie sind der Triumph der Autorität des Lehrers, seines unbegrenzten, absoluten Führungsanspruchs."[110]

Hinzu kommt eine Überforderung für die Lehrkraft, die nicht selten zum Burnout-Syndrom führt; dies ist bei dieser Arbeitsbelastung kein Wunder. Dabei wurde noch nicht erwähnt, dass ihnen auch auf den Konferenzen etliche verwaltungstechnische Aufgaben oder organisatorische

---

[108] ebd., S. 142
[109] ebd., S. 143
[110] ebd., S. 143 f.

Aufgaben zugeteilt werden, die sie dann „freiwillig" übernehmen, da die Waldorfschule keine Direktor oder keine Direktorin kennt und sich im Team selbst verwalten soll. Daneben wird nur ein Geschäftsführer oder eine Geschäftsführerin von außen eingesetzt, die nicht mit den Belangen der Schule zu tun hat und häufig nicht unterrichtet.[111]

Den KlassenlehrerInnen obliegen aber noch andere Pflichten: Sie achten auf Lernfortschritte ihrer Zöglinge, leiten ggf. Förderunterricht ein, achten auf Gang, Körperhaltung, Gesichts- und Haarfarbe und darauf, ob sich nicht irgendwelche Krankheiten bemerkbar machen. Außerdem ist er/sie für die Öffentlichkeitsarbeit, die Elternabende, die Monats- und Jahresfeiern und die jährlichen Basare mitverantwortlich. Manchmal nimmt er auch noch an den ersten Aufnahmegesprächen mit den Eltern, an den Gesprächen mit den KindergartenleiterInnen und an etlichen Waldorfschulungen teil. Wann er/sie dann noch die Zeit findet, den anthroposophischen Schulungsweg zu gehen und sich selbst zu entwickeln, bleibt uns NichtanthroposophInnen ein Geheimnis. Lippert schreibt nicht ohne Hohn zu der Rolle des Klassenlehrers: „Er soll den anthroposophischen Schulungsweg beschreiten und sich mindestens zweimal täglich in tiefe Meditation versenken. Kurz: Der Klassenlehrer muss ein wahres Mulititalent sein, Priester, Therapeut und Manager, Geschichtenerzähler und Rezitator, Schauspieler, Moderator und Ratgeber, Wächter über die Moral und nicht zuletzt Erfüllungsgehilfe Rudolf Steiners. All dies mag erklären, warum Lehrer gerade an der Waldorfschule sehr früh ausbrennen und ihren Dienst quittieren."[112]

Und eine acht Jahre lange Betreuung für ein Kind kann auch dann problematisch sein, wenn man den Klassenlehrer oder die Klassenlehrerin nicht mag und nicht auf Erlösung durch eine andere Lehrkraft hoffen

---

[111] Wir hatten einen Geschäftsführer, der aber auch den Freichristlichen Religionsunterricht übernommen hat. Es saß über 22 Jahre auf seinem Posten und hat Gelder in Höhe von Rund 200.000 Euro veruntreut. Natürlich hat er sich das eine oder andere vom so genannten Wirtschaftskreis abzeichnen lassen, doch geprüft wurde er von niemandem wirklich. Erst als die Bank aufgrund der immer höheren Schulden irgendwann die Zahlungen verweigerte, wurden einige KollegInnen offensichtlich wachgerüttelt.

[112] Lippert, a.a.O., S. 208

kann, wie an staatlichen Schulen. Und wenn die Kinder zu ihm oder zu ihr ein besonders enges Verhältnis entwickeln, fällt der Ablösungsprozess ebenfalls besonders schwer.

Denn eines steht bei Waldorfs fest, dass der Klassenlehrer oder die Klassenlehrerin immer das letzte Wort haben muss, „damit die Themen ankommen; denn an ihnen erlebt der Schüler, welche Stelle er in dem Schicksalsplan einnimmt, was sein Karma ist und welche Lebensaufgaben ihm gestellt sind. Steiners Erziehungssystem ist fest geschlossen, exklusiv gegenüber der sozialen Umwelt und dem Pluralismus der Wissenshorizonte, esoterisch in den eigenen thematischen Zurüstungen und rhetorisch-suggestiv im Unterrichtsverfahren: ohne Autorität ist ein solches System weder in Gang zu setzen noch zu erhalten. Der Lernende soll folgen; zu seinem Vorteil natürlich, aber auch dann, wenn es ihm schwerfällt."[113] Es bleibt festzuhalten, dass die Gefahr einer größeren Abhängigkeit des Kindes zum/r Klassenlehrer/in extrem groß sein kann, genauso wie seine Manipulierbarkeit.

Die Waldorfpädagogik, oder Gesinnungspädagogik, stammt aus der Zeit der Reformpädagogik und wurde, wie bereits erwähnt, stark an Herbart angelehnt. Herbert hatte eine Pädagogik für Hauslehrer entwickelt, mit der sich Steiner wohl beschäftigt hatte, als er den Sohn der jüdischen Familie Specht erfolgreich zum Abitur führte. Doch das, was Herbert hier für einzelne SchülerInnen niedergeschrieben hat, wurde von Steiner als Konzept für eine ganze Schulklasse hergenommen.[114]

Letztlich dienen die weltanschaulich fundierten Themen an Waldorfschulen dem Klassenlehrer oder der Klassenlehrerin nur dazu, das anthroposophische Verständnis des Lebens im engen Raum des Unterrichts als Gesinnung dem Kind vorzuleben und zurück zu fordern. Das Ganze erfolgt natürlich subtil und undurchschaubar.[115] Nach dem Motto: Das Undurchschaute oder Unverständliche ist wirksamer als das Durchschaute und Begreifbare. Deshalb werden auch oft „sinnentleerte" Sprüche oder Gedichte „vor das Kind hingestellt", da es damit seinen Intellekt

---

113 Prange, a.a.O., S. 114
114 vgl. ebd., S. 115, aber auch 86 ff.
115 vgl. ebd., S. 115

schont und nicht zu früh ausbildet. Denn wir wissen ja, dass es sonst krank wird. (Die Auswirkungen haben wir ja bei Rudolf Steiner und seiner Anthroposophie und Christengemeinschaft gesehen, der sich viel zu früh in die Geometrie vertiefte!) Wie kann es sich um eine wirkliche Freiheit handeln, wenn letztlich der/die Waldorfklassenlehrer/in immer weiß, was am besten für das Kind ist, gestützt auf kosmisch-karmische Notwendigkeiten oder den nicht verifizierbaren Geistesschauungen eines Rudolf Steiners?

Zum Glück gibt es aber auch, wie in jedem, noch so fundamentalistisch-weltanschaulichen System, Menschen, die ihre Unabhängigkeit bewahrt und tatsächlich auch emanzipiert von ihrem Meister unterrichten und freilassen können. Sie entscheiden oftmals auch richtig, zum Wohle des Kindes, indem sie sich bei ihm rückbestätigen, gucken immer wieder erneut hin und richten sich nicht nach irgendwelchen Lebensphasen und kosmischen Vorbedingungen des Meisters. Sie lassen das Kind evtl. sogar mitentscheiden, sofern das möglich ist. Das sind dann berufene PädagogInnen, die es trotz eines Waldorfsystems für das Kind gut ausgehen lassen können.

Die Eltern haben bei dem Ganzen nur die Rolle der Zaungäste in diesem Spiel, ganz anders als man ihnen verspricht. Denn sie können nicht, wie bei anderen Schulen, bestimmen, dass ihr Kind doch noch auf der Schule bleibt, auch gegen den Willen der LehrerInnen (sofern seine Leistungen passabel sind), das geht an Waldorfschulen nicht. Der Vertrag ist zu jeder Zeit von Seiten der Schule kündbar, auch ohne Einverständnis der Eltern. Und die Kinder haben dann große Wissenslücken, an einer anderen Schule noch zurecht zu kommen.

Eltern haben (freiwillige) Pflichten, doch keine oder nur sehr marginale Rechte an Waldorfschulen, von Mitbestimmung kann da kaum die Rede sein, es sei denn, man gehört zu einer alt eingesessenen AnthroposophInnen-Familie oder hat die Schule mit aufgebaut und mitfinanziert. Und das kommt ja auch nicht selten vor. Einige berühmte PolitikerInnen, SchauspielerInnen, KünstlerInnen und Industriemagnaten geben ja ihre Kinder hin und wieder auch auf Waldorfschulen, doch wohl eher, um sie stärker aus dem Fokus der Öffentlichkeit zu nehmen, als deshalb, weil sie mit der

Philosophie Steiners 100% einer Meinung wären. Im übrigen hat diese Schule den Vorteil, dass man SchülerInnen auch mal ganze Monate aus der Schule herausnehmen kann, ohne Repressalien befürchten zu müssen, anders als auf staatlichen Schulen, wo Geldbußen drohen. Denn in guten Gegenden, wie z.B. in Hamburg, München oder Stuttgart, sind Waldorfschulen immer noch besonders elitäre Schulen, die sich nicht jeder leisten kann, trotz der Freiplätze für sozial schwache SchülerInnen. So hat z.B. die bayrische Kultusministerin für Schule und Bildung Monika Hohlmeier (CSU) (Tochter des verstorbenen bayrischen Ministerpräsidenten Franz Josef Strauß) ihre Kinder auf einer Waldorfschule, ebenso wie der frühere Finanzminister Clement (SPD), der ehemalige Kanzler Helmut Kohl (CDU), der Sänger Udo Jürgens, die Rocksängerin Nina Hagen und der Computermagnat Heinz Nixdorf u.a.[116]. Und selber WaldorfschülerInnen waren: Otto Schilly (SPD) (ehemaliger Innenminister), Ferdinand Alexander Porsche (Rennwagenhersteller), Heiner Lauterbach (Schauspieler), Ulrike Meinhof (Journalistin und RAF-Mitglied der 70er Jahre). Vielleicht lässt man deshalb die Waldorfs gewähren, weil man sich den Zugang nicht verschließen will, seine Kinder auf einer „geschützten Insel" groß werden zu lassen.

Denn dort, wo genügend Bildung, Zuwendung und Geld durch das Elternhaus gegeben ist, kann auch die anthroposophische Gehirnwäsche und die achtjährige Betreuung durch den Klassenlehrer oder die Klassenlehrerin nichts Negatives ausrichten, denn dann kann ein Gleichgewicht von außen hergestellt, oder das Ganze im Elternhaus ins rechte Maß gerückt werden.

Da allerdings, wo dies nicht der Fall ist, kann die Waldorfschule eine Sackgasse werden, aus die das Kind nur sehr schwer wieder herausfinden kann.

---

[116] Weitere Prominente haben oder hatten ihre Kinder auf der Waldorfschule, wie Magnus Enzensberger, Raimund Harmstorf, Max Frisch, Friedrich Dürenmatt, Klaus von Dohnanyi, Martin Walser, Heiner Lauterbach, Liv Ullmann u. Ingmar Bergmann, Harrison Ford, zitiert nach: www.diewaldorfs.waldorf.net/listdt.html

Die Lehre der vier Temperamente

Die jeweiligen KlassenlehrerInnen werden an der Waldorfschule dazu angehalten, ihre ca. 40 SchülerInnen in die vier verschiedenen Temperamente einzuteilen: Sanguiniker, Melancholiker, Phlegmatiker und Choleriker.

Steiner ging davon aus, dass die einzelnen Temperamente der Kinder sich am besten gegenseitig „abschleifen könnten", würde man sie nur zusammen setzen. Also CholerikerInnen neben CholerikerInnen, SanguinikerInnen neben den SanguinikerInnen usw. Natürlich sind Kinder immer auch Mischtypen, doch der/die Klassenlehrer/in hat eben die Aufgabe, das hervor stechendste Temperament heraus zu finden und zu bestimmen. Eine Korrektur des Klassenlehrers oder gar eine Mitbestimmung der SchülerInnen, ist allerdings nicht vorgesehen.

Durch das gegenseitige Abschleifen der typischen Verhaltensweisen soll eine automatische Korrektur erfolgen, eine so genannte Selbstkorrektur. Gleiches wird mit Gleichem behandelt. Die Temperamente erziehen sich damit untereinander selbst. Das hört sich nun zunächst ganz gut und richtig an. Es kann ja auch positiv ausgehen, doch was ist, wenn ein Schüler sich mit dem Nachbarn nicht versteht, unter ihm leidet und weggesetzt werden möchte? Wird dass dann blockiert, weil er als Choleriker nicht neben einem Sanguiniker sitzen soll? Wo bleibt da der individuelle Wunsch der Kinder, wenn man sich dogmatisch hinter solch einem System verschanzt?

Die Lehre ist uralt, man kennt die Temperamentenlehre aus der Antike. Sie geht u. a. auf den griechischen Arzt und Philosophen Hippokrates (430 – 377 v. Chr.) zurück. Den hypokratischen Körpersäften und Körpertypen werden entsprechende Verhaltenstypen zugeordnet. Doch auch zu Steiners Zeit entwickelte Ernst Kretschmer in seinem Buch „Körperbau und Charakter" (1921) eine umfassende Theorie zwischen dem Körperbau eines Menschen und seinen Eigenschaften. Ob Steiner bei Kretschmer Anleihen gemacht hat? Nein, sicherlich nicht. Er hat sein Wissen allein aus der Akasha-Chronik (dem Weltenäther) entnommen, wie er nicht müde wurde zu behaupten. Wozu er dann allerdings seine

9.000 Bücher brauchte, die er nach seinem Tode hinterließ, wird uns, wie so vieles, leider für immer ein Rätsel bleiben.

Jedenfalls kritisiert auch Rest: „Die Temperamentenlehre in der Waldorfpädagogik betrachtet den Menschen isoliert, ohne die Abhängigkeit des jeweiligen Typs von seinem Weltverhältnis in den Griff zu bekommen. Gerade diesen Vorzug haben aber die Vorstellungen C.G. Jungs und H. Rohrschahs aus demselben Jahr 1921, die vom Erlebnistyp des Intro- oder Extrovertierten ausgehen und damit die Wechselbeziehung von Selbst- und Weltverhältnis erheblich offener begreifen; dadurch wurde diese Vorstellungen für den Fortgang der modernen Wissenschaften (von der Pädagogik bis zur Medizin) auch fruchtbarer."[117]

Hier gilt wie bei der gesamten Waldorfpädagogik, dass sie ein in sich geschlossenes System bilden und verteidigen, das meint, nicht im Austausch mit anderen, fortgeschritteneren Pädagogiken und Systemen stehen zu müssen, sondern die letzte Offenbarung durch Steiner erhalten zu haben, oder der Weisheit letzter Schluss zu besitzen. Das ist dann ein Sektenmerkmal, dem man nicht mehr anders beikommen kann (zumindest von staatlicher Seite) als durch Verordnungen, Pflichtseminare, Kürzungen von Geldern bei fehlender Lern- und Austauschbereitschaft u. ä. Manche KritikerInnen wie Lippert z.B. gehen sogar soweit, dass sie sagen, Waldorfschulen seien „verfassungswidrige Veranstaltungen in freier Trägerschaft".

Sie kritisiert, dass die Waldorfpädagogik an dem von Steiner formulierten (Ende des 19. Jh.!) Menschenbild festhält, dass die SchülerInnen vom Klassenlehrer in „Ehrfurcht" und „heiliger Scheu", wie es Steiner gebietet, aufzunehmen haben. Und dies widerspricht ihres Erachtens der heutigen Erziehungswissenschaft, die „für eine von Anfang an kontinuierlich begleitende, stufenweise und altersgemäße Einführung der jungen Generation in der gegenwärtigen Gesellschaft" zuständig ist. Und damit den in Paragraph 1 der Schulgesetze formulierten Leitziele zur Erziehung im Sinne des Demokratischen Grundsatzes.[118] „Was die staatliche Schule vom 1. bis mindestens zum 10. Schuljahr und schon im Kindergarten den

---

[117] Franco Rest, Waldorfpädagogik, Stuttgart 1992
[118] vgl. Lippert, a.a.O., S. 262 ff.

Heranwachsenden zu vermitteln versuchen, das wollen Waldorfpädagogen in den verbleibenden zwei Jahren bis zum Ende der allgemeinen Schulpflicht erreichen. Dieses Gefühl beschlich mich an „meiner" Waldorfschule auch des Öfteren. Wo Schüler der öffentlichen Schulen mit Beginn des 4. oder 5. Schuljahrs in Form von demokratisch gewählten Schülervertretungen an der Gestaltung des Schulgeschehens zunehmend beteiligt sind, auf diese Institution einen rechtlichen Anspruch haben und sich so nicht zuletzt auch in Demokratie üben (sollen), da argumentieren die Waldorfschulen mit ihrem ständigen 'Zu-früh'. Schülermitverantwortung gibt es hier in der Regel nicht.[119]

Diese Kritik von Lippert ist berechtigt, allerdings gehe ich nicht so weit wie sie, wenn sie im Hinblick auf die Verfassungswidrigkeit schreibt: „... das unter 3.1.3.3 kritisierte (Un-)Verhältnis heutiger Waldorfpädagogen zur NS-Vergangenheit und den rassistischen Äußerungen Rudolf Steiners machen die Waldorfschulen zu verfassungswidrigen Veranstaltungen in freier Trägerschaft, die in nicht zu unterschätzendem Maße von staatlicher Seite finanziert werden."[120]

---

[119] ebd., S. 265
[120] ebd., S. 265

Der Klassenstufenlehrpan

Wie bereits Prange und Rudolph herausgearbeitet haben, basiert auch der Kulturstufenplan, den Steiner für die Waldorfpädagogik übernommen hat, auf dem Reformpädagogen Ziller, einem Hauptvertreter Herbarts. Dieser hat schon wie später Steiner die These vertreten, dass sich die Entwicklungsstufen der Menschheit in jedem Individuum wiederholen. Auf die Pädagogik angewandt, hat man nun einer bestimmten Kulturstufe in der Menschheitsentwicklung eine bestimmte Thematik in jeder Klasse zugeschrieben und somit den folgenden Lehrplan nach Ziller auch für die Waldorfpädagogik übernommen.

1. Klasse: Fabeln und Märchen
2. Klasse: Robinson
3. Klasse: Patriarchengeschichte, vaterländische Sage
4. Klasse: Jüdische Heldenzeit, Nibelungensage, Odysee-Stufe
5. Klasse: Jüdische Könige, Deutsche Kaiser des Mittelalters, Herodot und Anabasis-Stufe
6. Klasse: Leben Jesu, Reformationsgeschichte, Livius-Stufe
7. Klasse: Apostelgeschichte, Befreiungskriege
8. Klasse: Luthers Katechismus, Reichsgründung

„Bei Steiner wie bei Ziller ist der sittlich-religiöse Erziehungszweck von Schule und Unterricht oberstes Gebot."[121]

Allerdings ist es nicht so, dass dieser Plan den Entwicklungsstufen der Kinder angepasst werden soll, sondern ganz im Gegenteil, die Kinder werden auf diesen Kulturstufenplan festgelegt und die Kulturstufen werden in die Kinder hinein geheimnist.

Eine Abweichung vom Plan ist gar nicht vorgesehen, wenn z.B. individuell andere Entwicklungen dieses erforderlich machen würden. Es gibt sozusagen keinen Plan B. Deshalb kritisiert Rudolph auch zu Recht, „mit dem preußischen Kadavergehorsam und germanischen Mannestugenden besitzt die Waldorfschule frappierende Ähnlichkeiten". Beide sind zudem „selbstverständlich patriarchalisch definiert".[122]

---

[121] vgl. Rudolph, a.a.O., ebenfalls den Kulturstufenplan, S. 91
[122] vgl. ebd., S. 90 f.

„Im zehnten Jahre ist das Kind ‚Germane', dann ‚Grieche'; dann absolviert er die Wanderung vom Osten bis ins Mittelalter und wird als Zwölfjähriger ein Römer, im dreizehnten ein Ritter und Klosterbruder, ein Columbus (...) und ist mit der Geschlechtsreife in seiner eigenen Gegenwart angekommen."[123]

Und dass den Mädchen in der Waldorfschule zeitgemäße Identifikationsangebote fehlen, habe ich ausführlich in meinem Buch „Rudolf Steiner und die Waldorfschule aus feministischer und religionskritischer Perspektive" (2008) gezeigt. Sie werden auf alte, verstaubte Rollenbilder festgelegt oder müssen sich mit männlich-patriarchalen Figuren identifizieren. Auch moderne Theaterstücke, in denen andere, emanzipierte Rollen für Mädchen angeboten werden, werden kaum aufgeführt.

Unwahrscheinlich häufig werden den Kindern Geschichten von Trollen, Elfen, Rittern und Engelchen erzählt.[124] Das wäre ja gar nicht so schlimm, wenn sie neben anderen, zeitgemäßen Geschichten stünden, die in modernen Schulbüchern zu finden sind und von modernen AutorInnen geschrieben wurden. Das ist jedoch nicht der Fall. **Mit den patriarchalen Rollenbildern wird eine patriarchale Moral zementiert, nur anthroposophisch unterfüttert und weihevoll ausgestaltet.**

Es macht allerdings keinen Sinn, wie das die Waldorfkritiker Jacob/ Drewes mit ihrer pauschalen Esoterikfeindlichkeit dies tun, gleich die Behandlung der gesamten Märchenwelt zu verfemen und abzulehnen.[125] Märchen können oftmals genauso wie Geschichten aus dem Alten und Neuen Testament, den Kindern kindadäquat vorgetragen, d.h. in ihr Lebensumfeld eingebettet, Ängste, Hoffnungen, Befürchtungen und Wünsche bearbeiten helfen, Empfindungssensibilitäten ausbauen und weiter entwickeln. Und sensibel für die Patriarchalismen kann man sogar hier auch starke, weibliche Vorbilder entdecken.

---

[123] Grosse, zitiert nach: Prange, a.a.O., S. 109
[124] vgl. Cornelia Giese, Rudolf Steiner und die Waldorfschule, 2008
[125] vgl. Sybille-Christin Jacob/Detlef Drewes, Aus der Waldorfschule geplaudert, Warum die Steiner-Pädagogik keine Alternative ist, Aschaffenburg 2001

Das ausformulierte Zeugnis ohne Noten

Typische Merkmale der Waldorfschule sind neben der fehlenden Notengebung bis zur elften Klasse, ein fehlendes Sitzenbleiben. Und damit der Verzicht auf ein Notenzeugnis, wie an staatlichen Schulen. Stattdessen erhalten die SchülerInnen ausformulierte Zeugnisse, d.h. konkrete Beurteilungen und Aufzählungen ihrer Leistungen. Das kann oftmals sinnvoller und viel differenzierter sein als eine einfache Note, kann aber auch zu Desorientierung und Verwirrung führen, je nachdem. Auch das ist wieder vom jeweiligen Waldorfpädagogen oder von der jeweiligen Waldorfpädagogin abhängig. Mir haben manche Waldorfeltern ganz entgeistert (im wahrsten Sinne des Wortes) oftmals in der elften Klasse gesagt, als ihr Sohn mit einem Mal vier Fünfen auf dem Zeugnis hatte: *„Wenn wir das vorher gewusst hätten, dass es um ihn so schlecht steht. Das konnten wir ja nicht wissen, all die Jahre haben wir in einer Traumwelt gelebt."*

Somit wird der Umgang mit den ausformulierten Zeugnissen auch unterschiedlich behandelt. Fundamentalistische AnthroposophInnen verzichten bewusst auf jegliche Leistungsangaben, die die Worte sehr gut, mangelhaft, ungenügend, ausreichend usw. beinhalten. Das gilt bei ihnen als verpönt. Andere wiederum fassen ihre Beurteilungen so ab, dass die Eltern durchaus eine Note daraus erkennen können und somit genau wissen, woran sie sind. Sie unterwandern somit ein bisschen das Waldorfsystem. Denn eigentlich werden auch hier lieber moralische Vokabeln und anthroposophisch umnebelnde Wörter gewählt wie: „herber Tadel, er nimmt das mit Zufriedenheit auf, Willenstätigkeit, Gefühlsleben, Affekte und Gemütseigenschaften, die Kräfte werden ausgeglichen, Neues bewahren, unschön, er befindet sich im Rubikon (im 9ten Lebensalter) ..."

Das Zeugnis eines Waldorfschülers oder einer Waldorfschülerin besteht aus vier Teilen:

1. Beurteilungen der Leistungen im Hauptunterricht, der so genannte objektive Teil.
2. Beurteilungen der Leistungen im Hauptunterricht, der so genannte subjektive Teil.

3. Beurteilungen der Leistungen in den Nebenfächern, von den jeweiligen FachlehrerInnen (früher mit der Hand geschrieben, heute computerisiert, trotz Ahriman)

4. Zeugnisspruch

Die meiste Arbeit hat natürlich der Klassenlehrer oder die Klassenlehrerin, die früher noch jedes der 40 Zeugnisse mit der Hand schreiben musste! Und das zweimal im Jahr. Heute ist das häufig computerisiert, auch ich habe es auch noch die ersten 7 Jahre mit der Hand schreiben müssen. (Denn FachlehrerInnen sollten ihre Beurteilungen in das Originalzeugnis eintragen, um den KlassenlehrerInnen Arbeit zu ersparen. Verschrieben sich diese allerdings einmal, mussten alle LehrerInnen das gesamte Zeugnis neu schreiben.)

In dem „objektiven Teil" wird sich meist wie in einem Brief an die Eltern gewandt, während im „subjektiven Teil" die SchülerInnen oftmals direkt angesprochen werden. Doch das variiert auch von Schule zu Schule. Denn manchmal bekommen die SchülerInnen (der unteren Klassen) ihr Zeugnis auch gar nicht zu sehen und in der Anrede wird von dem Kind ausschließlich in der dritten Person gesprochen. (Das war z.B. an „meiner" Waldorfschule der Fall.)

Typisch ist bei allen Waldorfschulen, dass ein jedes Kind einen Zeugnisspruch erhält, der ganz persönlich auf es zugeschnitten sein soll. Dieser Spruch spielt auf Eigenheiten des Kindes an, spiegelt sein Temperament, sein bestimmtes Wesen wieder. Ein entsprechendes Versmaß wird dann passend dazu zugeordnet. So bekommt ein träges Kind ein getragenes Versmaß, ein lebhaftes Kind ein „springendes" Versmaß. Dahinter steckt eine bestimmte Botschaft und indirekte Aufforderung. Die WaldorflehrerInnen wollen auf diese Weise zu mehr Folgsamkeit, Besinnlichkeit, Konzentration motivieren. Dieser Zeugnisspruch wird nun von jedem Kind an seinem Geburtstag vor der Klasse stehend öffentlich rezitiert. Er muss auswendig gelernt werden. Das ist zunächst Mal eine interessante Idee. Und vielfach wirkt eine solche Methode auch in der richtigen Weise und das Kind fühlt sich ermuntert, an seinem Charakter zu arbeiten. Doch manchmal kann es auch daneben gehen, dann nämlich, wenn das Kind statt einer Befreiung und Motivation einen Druck und die Zementierung heimlicher Schuldgefühle erfährt.

„An allen hässlich Gedanken
muss die eigene Seele erkranken.
Was rein und still du hochgeehrt,
des Herzens Reichtum dir vermehrt.
Was du so wirkst, den Leben heißt,
du selbst bestimmst es allermeist. "[126]

Die Zeugnisse an Waldorfschulen sind „das Paradestück der Gesinnungs-pädagogik, gegründet auf der Zuversicht, der Lehrer könne mit sicherem Blick eines kleinen Gottes die innere Einstellung, die Motive und Zu-kunftsaspekte des Lernenden zu erfassen".[127]

Manchmal erinnert so manche Waldorfpädagogik an die Methoden der Schwarzen Pädagogik, zusammen mit den Strafmaßnahmen wie: öffentli-ches Bloßstellen, vor die Tür stellen, auf den Stuhl stellen und sogar Schlägen, die in manchen Waldorfschulen auch noch vorkommen sollen, wie Kayser/Wagemann berichteten.[128] Ich habe Gewaltdelikte von Lehre-rInnen an meiner Schule nicht erlebt. Allerdings war vor die Tür stellen auch üblich und gängige Praxis. Es ist auch schwer, wenn der Stoff bei Waldorfs aufgrund des oft fehlenden Alltagsbezugs nur begrenzt moti-viert, und es zudem keine Noten als Anreiz zur Motivation gibt, die Schü-lerInnen auf Dauer bei der Stange zu halten. Ich habe es dann auch mit interessanten Themen und einer kleinen Medienvielfalt versucht, hatte es aber auch leichter, da ich mich an keinen Klassenstufenplan, nicht an Steiners Aussagen und nicht nach dem Jahrsiebt-Rhythmus richten muss-te. Dennoch musste ich gegen subversiven Boykott von Waldorfs kämp-fen, die nur zu gern meinen Unterricht für irgendwelche Proben, Auffüh-rungen, Ausflüge und Ähnliches ausfallen ließen (und mich nur selten

---

[126] Kayser/Wagemann, a.a.O., S. 124
[127] Prange, a.a.O., S. 146
[128] Er berichtet von körperlichen Züchtigungen und bizarren Strafmaßnahmen, die in Berlin, Göttingen, Dortmund, Bochum, Kassel, Stuttgart, Bremen und Herne an Wal-dorfschulen vorgekommen sein sollen, Kayser/Wagemann, a.a.O., S. 121

vorher informierten), oder den einstündigen Unterricht in den Nachmittagsunterricht verlegten, so dass die SchülerInnen oftmals drei Stunden in der Schule warten mussten und quasi zum Schulschwänzen aufgefordert wurden. All das waren Praktiken, die durchaus üblich und wöchentliche Praxis waren. Hinzu kam, dass mein mir zugeteilter Raum einfach häufig besetzt war, es fand dort einfach anderer Unterricht statt, ohne mich darüber zu informieren. Und so musste ich mir, zusammen mit den SchülerInnen im Schlepptau, einen anderen Klassenraum suchen. Ich durfte dann während meiner Unterrichtszeit über den gesamten Schulhof von Raum zu Raum „tingeln", um zu sehen, ob ein anderer Klassenraum frei war. All das waren konspirative Aktionen gegen meinen doch im Grunde unerwünschten, da nichtanthroposophischen, konfessionellen Religionsunterricht.

Die Schule glich häufig einem etwas chaotischen, anarchistischen Gebilde mit Kindergartenatmosphäre, man hatte sehr selten die besinnliche und doch auch von Waldorfs so geschätzte heilige Ruhe, die man für einen Unterricht brauchte. Da die Kleinen (Klasse 1 – 5) zu anderen Zeiten Unterricht hatten und draußen herum tobten, während die älteren SchülerInnen Unterricht hatten, wurde auch schon mal mitten im Unterricht mehrmals die Tür aufgerissen und die SchülerInnen aus anderen Klassen wollten herein drängen und waren immer ganz erstaunt, dass dort noch Unterricht stattfand. Oder sie hatten die Glocke nicht gehört, auch so ein Relikt aus einer verstaubten Zeit, in der man noch keinen technischen Schulgong hatte. Es ging immer jemand herum, der die Schulglocke oder den Gong schlug. Dieser wurde jedoch häufig überhört, je nach dem, wo sich die SchülerInnen aufhielten. Auch wurden die SchülerInnen früher aus dem Unterricht entlassen, niemand achtete genau auf die Einhaltung der Zeiten. Es herrschte oft das absolute Chaos. Und besonders belastend war auch, dass man immer allein mit den Situationen fertig werden musste, da es ja keinen „Direktor oder eine Direktorin" gab, der Geschäftsführer entweder selbst unterrichtete oder (aus den bereits erwähnten Gründen) oftmals außer Haus und das Büro abgeschlossen war.

Der Epochenunterricht

Ein weiteres Kennzeichen der Waldorfpädagogik ist der Epochen- und Hauptunterricht, jeweils morgens in den ersten beiden Stunden. Er hat seinen Ursprung in den Konzentrationsübungen der Reformpädagogik Anfang des 20. Jahrhunderts. Die ersten beiden Unterrichtsstunden bilden eine geschlossene Einheit, in der über mehrere Wochen dasselbe Fach, manchmal auch dasselbe Thema unterrichtet wurde. In den ersten drei Schuljahren dehnen sich die Epochen über einen längeren Zeitraum aus, später dann im Durchschnitt über 3 bis 4 Wochen.

Der Hauptunterricht bietet den SchülerInnen auf diese Weise die Chance, bei einem Thema konstant zu bleiben und eine Grundlage zu schaffen. Dies ist durchaus sinnvoll und wird auch schon in manchen staatlichen Gesamtschulen praktiziert. Allerdings ist die anthroposophische Einteilung des rhythmischen Hauptunterrichts einmalig: Zuerst wird ein gemeinsam gesprochener Morgenspruch (oftmals von Steiner) gesprochen, dann folgen in den unteren Klassen musikalische Übungen auf einfachen Instrumenten wie:

Flöten, Leiern, Glockenspielen. Manchmal wird auch ein Lied gesungen. In den ersten Schuljahren werden dabei Takt und Rhythmus durch Klopfen, Stampfen, Klatschen unterstrichen. In der 4. Klasse werden auch schon mal Stabreime mit kräftigen Rhythmen begleitet, in der 8. Klasse können die SchülerInnen dann schon Prosatexte von Goethe mit einer eigenen Sprachmelodik sprechen. Diese Übungen sollen das Gefühl anregen und den Willen fordern. Erst jetzt beginnt der eigentliche Epochenunterricht. Es wird etwas vor die SchülerInnen hingestellt, meist durch eine aufwendige, farbig gestaltete Zeichnung. LehrerInnen zeichnen oftmals wunderschöne Gemälde mühevoll an die Tafel, die die SchülerInnen dann in ihr „Epochenheft" abmalen müssen. Auf die äußere Ausgestaltung der Hefte wird großen Wert gelegt. Der Stoff wird bildhaft als Erlebnis vermittelt, am nächsten Tag wird er wiederholt, oder der neue Stoff knüpft an das bereits Erarbeitete an. Es geht um eine erlebnishafte Vermittlung, ohne das Kinder zu früh in die Urteilsbildung kommen, die Steiner ja sowieso ablehnt.

In den ersten Klassen dürfen nur sehr dicke Malstifte oder Wachsmalblöcke von den Kindern benutzt werden.

Der Ablauf des Hauptunterrichts ist ein ganzheitliches Gebilde, das exemplarisch für viele rhythmische Prozesse innerhalb der Klassen eins bis acht steht. Anfangs stehen immer die musikalisch-rhythmischen Übungen, später die Rezitationen von ausgewählten Stücken, die ein besinnliches Element in den Unterricht bringen sollen, dann kommt der inhaltliche Teil, in dem den Kindern etwas vermittelt wird. Dies soll ohne ein Schulbuch geschehen, nur durch die Lehrkraft, die entweder etwas erzählt oder ein Schaubild an die Tafel zeichnet. Dennoch gibt es zwei Standardwerke in der Waldorfpädagogik, die auch immer wieder gerne eingesetzt werden: „Der Sonne Licht" und „Gott sprach". Das letzte Buch (von 1947) ist eine Sammlung von Nacherzählungen der Geschichten aus dem Alten Testament. Hierzu ist zu sagen, dass es mittlerweile so wunderschöne Kinderbücher gibt, die auch die Geschichten des Alten, aber auch des Neuen Testaments beinhalten, nur vermischt mit zeitgemäßeren Geschichten, die sich an die Alltagswirklichkeit der Kinder anpassen. Zum Beispiel von Wilfried Pioch: Die Neue Kinderbibel, Mit Kindern von Gott reden. Doch alles Nichtanthroposophische ist grundsätzlich verpönt, es muss alles anthroposophisch eingefärbt sein oder in einem anthroposophischen Kontext stehen, sonst wird es abgelehnt. Ich habe lange gebraucht, um das endlich zu begreifen.

Manche Anthroposophen lesen auch grundsätzlich nur Ratgeber, Rezensionen. Literatur u.ä., was wiederum von anderen Anthroposophen „abgesegnet" wurde!

Freie Waldorfpädagogik und Freie Kunsterziehung oder Erziehung zur Nachfolge und Konformität?

Es ist verständlich und nachvollziehbar, dass viele Eltern für ihre Zöglinge einen künstlerischen und musischen Ausgleich suchen, da die kognitiven und damit die intellektuellen Fähigkeiten in staatlichen Schulen oftmals stark beansprucht werden. Deshalb glauben sie, bei Waldorfs einen Ausgleich zu finden. Was ihnen allerdings gar nicht, oder erst zu spät klar wird, ist die Tatsache, dass dies oftmals **auf Kosten der kognitiven Fähigkeiten** geht.

So wird die Kunst, die Musik, die Eurythmie **nicht zusätzlich gefördert, sondern häufig (aufgrund von Aussagen Steiners) als Ersatz für den nicht geförderten Intellekt.**

Was passiert nun also im Kunstunterricht? Die Kinder müssen die immer gleichen Formen á la Rudolf Steiner zeichnen. Denn die WaldorfpädagogInnen meinen auf den Äther- und Bildekräfteleib am besten und effektivsten mit bildlichen Darstellungen einzuwirken, und dies nur mit den richtigen Farben und vor allem mit den richtigen Stiften. Nur „Dickis" (dicke Buntstifte) und Wachsmalblöcke sind erlaubt; so waren die Kinder in meinem evangelischen Religionsunterricht immer ganz glücklich, auch dünne Buntstifte, die für kleine Kinderfinger auch viel geeigneter sind, oder sogar die verpönten Filzstifte benutzen zu dürfen.

So verwunderte auch kaum, dass ihre Bilder im Kunstunterricht immer alle gleich aussehen. Kennzeichen sind die verwaschenen Farben, die gesichtslosen Figuren, dieselben Farbtöne und die stereotype Wiederkehr des ewig Gleichen bei der Motivwahl. Beckmannshagen und andere KritikerInnen sprechen deshalb von einem repressiven (unterdrückten) oder auch einem pedantischen Kunstunterricht. Jeder Handgriff wird genau vorgeschrieben und führt die SchülerInnen zu innerer und äußerer Beschränktheit.[129] Wo da die versprochene Freiheit bleibt, konnte auch ich nie nachvollziehen.

---

[129] vgl. Fritz Beckmannshagen, Rudolf Steiner und die Waldorfschulen, Eine psychologisch-kritische Studie, 5. Aufl., Wuppertal 1987, S. 44 f.

„Anthroposophisch zu malen heißt also, die eigene Person zurückzustellen, damit Übersinnliches seinen Ausdruck findet. Intuitiv versucht man, verborgene Welten sichtbar zu machen. Das Malen wird so zur Vorübung für die künftige Hellsichtigkeit, ist Meditation mit dem Medium Farbe. Und Steiner allein weiß, was die Farben wollen: Das Gelb will ausstrahlen. Das Blau will sich nach außen verkrusten. Und das Rot will in sich stabil sein. Wer ein echter Anthroposoph ist, der wird seinen Pinsel vom Willen der Farbe führen lassen. Das heißt unweigerlich: Er wird das Gelb mit Aquarellfarben in der Mitte des Blattes dicht auftragen, so dass es nach außen verfließt. Will er das Blau wesensgerecht einsetzen, wird er es in der Mitte heller werden lassen und nach außen hin verdichten. (...) Generationen von Epigonen schulen daran den bedeutungsschwangeren anthroposophischen Künstlerblick und lassen ihn in ihre Schulen schweifen, wo Tausende von Waldorfschülern lernen, dass echtes Malen heißt, die Farben transparent und in Schichten aufzutragen, die Formen wie von selbst aus der Farbe entstehen lassen.“[130] So spottet Lippert. Manche Staatsschulen mögen ja zu wenig das Künstlerische und Musische fördern, obwohl sich da in den letzten Jahrzehnten auch viel getan hat, doch wer glaubt, die Waldorfschule lässt Kinder im Kunstunterricht frei zeichnen, so dass die Fantasie, Kreativität und Eigeninitiative, gar eigenständige Ideen, gefördert würden, der irrt gewaltig. Es geht wie in allen Fächern nichts ohne das Steinersche Weltbild und seinen speziellen Duktus. Egal was die Kinder tun, ob sie malen, plastizieren, töpfern, zeichnen oder Theater spielen. Nichts wird wirklich „frei“ gelassen oder von den Kindern „frei“ gewählt, sofern es den Anordnungen des Meisters widerspricht. Die Frage drängt sich hier tatsächlich auf, ob die Waldorfpädagogik damit nicht einen Rückschritt in antike und mittelalterliche Verhältnisse darstellt, in eine Zeit, in der Kunst hauptsächlich dem Zweck diente, den herrschenden (kirchlichen) Machthabern und seinem Wertesystem Ausdruck zu verleihen.[131]

---

[130] Lippert, a.a.O., S. 196
[131] vgl. ebd., S. 196 f.

Denn wie bei allem, geht es hier letztlich nicht um Kunst, sondern um die zu vermittelnde anthroposophische Moral und das übergestülpte Weltbild, an das das Kind angepasst werden soll, damit der anthroposophische Glaube gewahrt bleibt.

Dieses „Zwangssystem" leitet sich letztlich aus den „Zwangshandlungen" des Meisters ab. Denn interessanter Weise hat der Bruder des behinderten Jungen, bei dem Steiner als junger Mann Hauslehrer war, über Steiner Folgendes sehr genau beobachtet:

„Das war die Art, mit der er alles vergewaltigte, um seinen Gedankeneinfall zum Recht zu verhelfen: er sprach eine Idee als Axiom aus und bog seine Beweise hinterher so lange zurecht, bis alles zu stimmen schien. Ich glaube nicht, dass er jemals deduktiv zu einem Gedanken oder einer Theorie gelangt ist. Sicher war das Endglied der Kette sein primärer Einfall; dann aber wurde alles herbeigeholt und zurechtgestutzt, was bestätigend, alles eliminiert, was widerlegend sein mochte. Er war ein Fanatiker seiner Ideen. Damals schon."[132]

Aufgrund dieser Wesensart Steiners, alles seinen Ideen anzupassen und unterzuordnen, spiegelt sich in seiner gesamten Waldorfpädagogik wieder. Es ist nur wenig Raum für die individuelle Entwicklung der Kinder und ein eigenständiges Handeln aus sich selbst heraus. Immer wird eingegriffen, manipuliert, übergestülpt und dirigiert.

Deshalb entpuppt sich die Erziehung zur Freiheit, die eigentlich ein Wachsen lassen bedeutet, zur absoluten und direktiven Führung nach anthroposophischem Weltbild.

AnthroposophInnen betonen dagegen unermüdlich, dass sie auf jedes Kind individuell eingehen und es nach seinen speziellen Bedürfnissen zu fördern suchen. Das mag hier und da in Ausnahmen stimmen, doch auf keinen Fall im Großen. Und wie auch, wenn man sich nach den Jahrsiebten richtet, die Worte des Meisters umzusetzen versucht und die Klassenstufeninhalte einhalten soll. Was macht man ganz konkret, wenn ein Kind, wie Steiner selbst scheinbar eines war, sich schon kurz nach dem ersten Jahrsiebt (mit 10 Jahren), mit Geometrie befassen will, obwohl es

---

[132] Specht, zitiert nach: Prange, a.a.O., S. 36

das nach anthroposophischer Meinung im zweiten Jahrsiebt gar nicht darf und dies auch gar nicht können sollte? Interessant ist an dieser Stelle, dass die Waldorfschule nichts für Hochbegabte SchülerInnen anbietet. Einer Studie zufolge sehen diese hier besonders verloren aus, da ja auch das Überspringen einer Klasse nicht sein darf, da sonst der karmische Klassenverband gestört wird. Dieser wird allerdings nie gestört, wenn der Klassenlehrer selbst zu diesem Urteil gelangt, dass ein Kind die Klasse besser verlassen sollte. Es ist ein Willkürsystem sondergleichen.

Während meiner Unterrichtstätigkeit bei Waldorf fiel mir bei den SchülerInnen außerdem immer wieder auf, dass es ihnen unglaublich schwer fiel, zwischen fiktiven Geschichten und wissenschaftlichen Erkenntnissen zu unterscheiden und damit dann auch anders umzugehen. Ich konnte ihnen wissenschaftliche Ergebnisse vortragen, geschichtliche und politische Ereignisse vergangener Zeiten, es war für sie dasselbe, als würde ich mir etwas ausdenken und dies vor sie hinstellen, gefühlsmäßig zumindest. Und das auch noch in der Oberstufe! Stattdessen wollten sie aber immer von mir wissen (weil sie verunsichert waren und keine Orientierung hatten), was ich denn ganz persönlich davon halte, welche Meinung ich dazu habe. Das war ihnen offenbar wichtiger als wissenschaftliche Untersuchungen und daraus resultierende Bewertungen, die ebenfalls auf Erfahrungen Betroffener basierten. An dieser Stelle fällt auf, wie sich die jahrelange Prägung auf die Persönlichkeit eines Lehrers oder einer Lehrerin auswirken kann. Sie waren manchmal kaum fähig, unabhängig von mir (obwohl ich nur eine Fachlehrerin war), etwas aufzunehmen und selbst nach umfangreicher Beschäftigung mit einem Thema, zu einer eigenen Meinung zu gelangen. Eine Schülerin umschrieb das mal so: „Wieso soll ich das glauben, was da in dem Buch steht, das hätte sich der Autor ja auch nur ausdenken können. Ich kenne ihn doch gar nicht."

Das kommt also dabei heraus, wenn man wie bei Waldorfs die Lehrperson über den Lehrstoff stellt, ihn oder sie zum Mittelpunkt erhebt. „Objektive Erkenntnisse" den SchülerInnen zu vermitteln, auch in der Oberstufe (Kl. 9 – 13) fiel mir schwerer als an staatlichen Schulen, denn alles wird zu Geschichten deklariert und damit als austauschbar, subjektiv und willkürlich eingeschätzt.

Dass es sich bei historischen Ereignissen um ein Faktenwissen handelte, im Gegensatz zu fiktiven Geschichten oder Märchen, konnten sie gefühlsmäßig einfach nicht an sich heranlassen, auch wenn sie es „über den Kopf" verstanden. Aus diesem Grund war es auch schwerer, sie für gesellschaftliche Missstände und kulturelle Ungerechtigkeiten zu engagieren, da sie es erst spät gelernt hatten, sich eine eigene Meinung zu bilden und selbst zu urteilen. Manches bei historischen Ereignissen berührte sie daher kaum, weil sie es einfach nicht „glauben" konnten – als wenn die Missstände in unserer Gesellschaft oder die historischen Fakten eine Glaubenssache wären!

Verzicht auf Fußball

Das Fußballverbot ist ein typisches Merkmal der Waldorfpädagogik, es soll deshalb herausgegriffen werden, um die Waldorfschule als Kaderschmiede des neuen Mannes erkennbar werden zu lassen. Denn so könnte gefragt werden: Ist die Waldorfschule nicht vielleicht eine Schulungsstätte der weichen, weiblichen Seite im Manne? Denn er erlernt hier alles Schöngeistige, das Tanzen in der Eurythmie in durchsichtigen, weiten Gewändern, das Musizieren, z. B. Harfe, Leier oder Violine, und zudem noch typisch weibliche Fertigkeiten wie Häkeln und Stricken. Interessanterweise entsprechen die anthroposophischen Begründungen für das Fußballverbot jedenfalls einem feministischen Anspruch. Denn sowohl hier als auch dort wird die Heranzüchtung des in den Medien propagierten starken, brutalen und leistungsorientierten Machomannes abgelehnt und zu verhindern versucht.

Die Waldorfschulpädagogik ist dafür bekannt, dass sie sich, trotz der massiven öffentlichen Gegentrends in den Medien, für die Missbilligung des Fußballspiels ausspricht. Aus feministischer Sicht fällt auf, dass hier, wie bei keinem anderen Thema, sehr viele Berührungspunkte vorliegen. Weiteres ausführlich dazu in meinem Buch „Rudolf Steiner und die Waldorfschule"(2008).

Verzicht auf Fernsehen

Da die AnthroposophInnen davon ausgehen, dass die Technik (nach Steiner) ahrimanisch = teuflisch ist, bemühen sie sich, auf Technik weitgehend zu verzichten, jedenfalls im Unterricht. So ist das Fernsehen schon per se total verpönt und ich habe an meiner ersten Waldorfschule immer absolute Schwierigkeiten bekommen, immer dann, wenn ich das Medium einsetzte.

Es ist deshalb kritisch anzufragen, ob solche Bestandteile des Lebens, wie Fernsehen und Computer, in einer globalisierten und vernetzten Welt überhaupt ausgeklammert werden können, wenn der Umgang zu einer mediengerechten und selbst bestimmten Erziehung angestrebt wird. Im Hinblick auf den Computer haben mittlerweile einige Waldorfschulen umgelernt, haben die „Werkzeuge des Teufels" sogar mit Hilfe von Spenden angeschafft und bieten in Kursen dazu einiges an. Doch das Fernsehen ist nach wie vor tabu, auch wenn es von Geschichts- und DeutschlehrerInnen hin und wieder eingesetzt wird. Sollte nicht statt eines Verbots besser zur Mündigkeit erzogen werden, differenzierter und sinnvoller damit umzugehen? Denn aus Erfahrung weiß man doch, dass gerade Verbote oftmals nur das Gegenteil bewirken. Eine kritische Fernsehmündigkeit konkret schon mit dem Kind einzuüben, das wäre m. E. ein freimachender, emanzipatorischer Unterricht. Die SchülerInnen in einem Schonraum 13 Schuljahre in einer „schönen, guten, wahren und heilen" Welt zwanghaft zu halten, ist nicht nur unrealistisch, sondern auch weltfremd, im übrigen auch nicht praktikabel. Denn das Erwachen ist dann oftmals umso härter, wenn sie diese „heile anthroposophische Welt" verlassen müssen und ins wahre Leben gestoßen werden. Nun ist es natürlich so, dass die SchülerInnen zu Hause sowieso fernsehen, ihren PC haben, Videos gucken ... Warum dann nicht gleich eine Thematisierung der Gefahren wie Computer- und Fernsehsucht, und ein offensiver und gezielter Umgang mit dem Medium, statt eine Verdrängung seiner Existenz durch ein repressives Verbot und die Flucht in Inhalte des 19. Jahrhunderts?

Verzicht auf Sexualkundeunterricht

Es dürfte sich mittlerweile herumgesprochen haben, dass in Waldorfschulen kein Sexualkundeunterricht erteilt wird, da Steiner die Beschäftigung, ja überhaupt das Sprechen über Sexualität bis zum 21sten Lebensjahr für krankhaft hielt.

*„Und dasjenige, was leider in die Pädagogik auch eingezogen ist, das ist, daß man diesen Machtkitzel und diese Erotik der Jugend nicht als sekundäre Umwandlungsprozesse auffaßt von Dingen, die auf ganz anderes gehen sollten bis zum 20., 21. Lebensjahre, sondern daß man sie als Naturelement im menschlichen Organismus von der Geschlechtsreife an auffaßt. Es ist durchaus so im Grunde genommen, wenn in der richtigen Weise erzogen wird, daß über Machtkitzel und **Erotik zu den Jugendlichen zwischen dem 14., 15. und 20. Jahre überhaupt nicht gesprochen zu werden braucht.** Es ist etwas, was durchaus unter den Linien des Lebens vor sich geht. **Wenn davon gesprochen werden muß in diesen Jahren, so ist es an sich schon etwas Krankhaftes.*** " [Hervorhebung C. G.]¹³³*

Und an diese Worte Steiners halten sich die Waldorfs bis heute: Sexualkunde oder Sexualität wird in Waldorfschulen tabuisiert. Vielleicht kamen diese Themen gerade deshalb in meinem evangelischen Religionsunterricht so gut an. Denn für mich galt ja nicht das Verbot von Waldorfs. Bei mir stand in der entsprechenden Jahrgangsstufe deshalb immer auch „Andere Lebensformen, wie Homosexualität, Bisexualität, der Umgang mit AußenseiterInnen und Andersdenkenden" auf dem Programm. Die SchülerInnen waren begeistert bei der Sache und schnell sprachen sich meine „exotischen" Themen herum – man ließ mich erstaunlicher Weise gewähren. Was hätten sie auch tun sollen, ich hatte den Ruf weg, eigenwillig, unabhängig und willensstark zu sein – Eigenschaften, die scheinbar anthroposophieresistent und offenbar immun gegen Steiners „Geistesergüsse" machen. Und da die Anthros nach jahrelanger Enthalt-

---

¹³³ Rudolf Steiner, Erziehung und Unterricht aus Menschenerkenntnis (GA 302a), Dornach 1983, S. 76

samkeit des kritischen Denkens ohnehin schwach im Argumentieren sind, hatte ich nichts zu befürchten.

Die Sozialpädagogin Kathrin Taube, die ein Jahr lang in einer anthroposophischen Einrichtung gearbeitet hat, in der geistig behinderte Kinder und Erwachsene mit Nichtbehinderten zusammen lebten, beschreibt ausführlich die sexualfeindliche Erziehung bzw. Nichterziehung bei Waldorfs. So wurden z. B. den Behinderten sexuelle oder auch nur erotische Handlungen untersagt, weil Sex nur „im Lichte eines Ideals, einer Aufgabe, einer Intuition aus der geistigen Welt" erlaubt sei.[134]

Allerdings wurde in dieser Einrichtung auch den nichtanthroposophischen MitarbeiterInnen zufolge ein Sexualleben untersagt. Der ehemalige Waldorflehrer Wagemann berichtet sogar von einer „erziehungsbrünstigen" Atmosphäre an Waldorfschulen, weil das Thema Sexualität verdrängt werde.[135]

An meiner Schule wurde es schlichtweg tabuisiert und die SchülerInnen, auch die älteren, gingen demzufolge zunächst etwas verkrampft mit dem Thema um. Und da alles Verbotene für SchülerInnen ja besonders interessant ist, schenkte man dem Thema zunächst große Aufmerksamkeit, doch das ging auch schnell vorüber. Ob sich Steiner dieser Konsequenz bewusst war? Steiner urteilt selbst sehr negativ über sexuelle Aufklärung:

„Daß so viel geschwätzt wurde über die sexuelle Aufklärung, ist ein Beweis dafür, daß die Methoden des Unterrichtes heute nicht in Ordnung sind, sonst würde man die Elemente schon ganz früh geschaffen haben aus solchen keuschen, reinen Vorstellungen heraus wie den Erklärungen des Wachstumsvorganges im Zusammenhang mit Licht, Luft, Wasser und so weiter."[136]

Alles, was mit Geschlechtsverkehr, Schwangerschaft oder gar Abtreibung zu tun hat, wird ideologisch-anthroposophisch überfrachtet. So sagt

---

[134] vgl. Kathrin Taube, Ertötung aller Selbstheit, Das anthroposophische Dorf als Lebensgemeinschaft mit geistig Behinderten, München 1994

[135] Kayser/Wagemann, a.a.O.

[136] Rudolf Steiner, Erziehungskunst, Seminarbesprechungen und Lehrplanvorträge (III) (GA 295), Dornach 1969, S. 133

z. B. ein Arzt und Anthroposoph H. Görg in einem Interview in den Flensburger Heften zum Thema Geschlechtsverkehr: „[...] aber ich sehe einen Geschlechtsverkehr, der zur Befruchtung führt, als einen vom Kind geführten Geschlechtsverkehr. Die Ursache liegt nicht beim Orgasmus, sondern beim Kind, das die Eltern in einem bestimmten Augenblick dazu verleitet, einen Geschlechtsverkehr zu haben."[137]

Bei dieser Auffassung, die noch orthodoxer ist als die der katholischen Kirche, die wenigstens erst dann von einem Kind spricht, nachdem die Befruchtung stattgefunden hat, verwundert es dann auch nicht mehr, wenn die orthodoxen AnthroposophInnen sich gegen Abtreibung aussprechen, selbst bei Vergewaltigung! Denn bei dieser ist ja eigentlich das Kind schuld, das sich unbedingt inkarnieren will und dann den Vergewaltiger zu seinem starken Trieb drängt. Manche AnthroposophInnen sprechen dann lediglich von „irritierten astralischen Konstitutionen bei allen Beteiligten".[138]

---

[137] H. Görg, in: Flensburger Hefte, Schwangerschaftsabbruch, Heft 36, 3/1992, S. 162
[138] ebd., S. 164

Verzicht auf Mitarbeit der Nichtanthroposophen in Konferenzen

Nichtanthroposophische Lehrkräfte dürfen an keiner „internen" Konferenz teilnehmen. Hier werden die wesentlichen Dinge der Schule besprochen, z.b. welchen Lehrer oder welche Lehrerin rausgeeitert werden muss, und für welche Schülerin oder welchen Schüler dann vielleicht doch „ein anderes Karma als die Waldorfschule" vorgesehen ist. Auch pädagogische Konferenzen sind an manchen Schulen, ebenso wie weitere Konferenzen und Arbeitsausschüsse, für NichtanthroposophInnen und konfessionelle ReligionslehrerInnen tabu. Das hat Vor- und Nachteile. Die Vorteile sind sicherlich, dass weniger Reibung entsteht, schließlich bleibt man weiterhin unter sich und muss sich nicht vor „Ungläubigen" rechtfertigen. Andererseits kommen auch keine neuen Ideen, keine Impulse von außen hinein, man schmort sozusagen weiter im eigenen anthroposophischen Saft. Rudolf Steiner drückt das im Hinblick auf die ehrliche Überzeugung und die „richtige" Weltanschauung so aus: „die ja selbstverständlich bei den Waldorfschullehrern für Anthroposophie vorhanden ist, da sie Anthroposophen sind ...‟[139]

Von guten WaldorflehrerInnen wird auch erwartet, dass sie sich nicht nur innerhalb der Schule engagieren, sondern auch in ihrer Freizeit Weiterbildungsseminare und anthroposophische Veranstaltungen besuchen. Sie engagieren sich in Ausschüssen, bereiten Basare, Theaterspiele, Klassenspiele, Klassenfahrten, Elternabende usw. vor, wöchentlich dazu ihre Donnerstagskonferenzen, die an fast allen Waldorfschulen um 17.00 Uhr stattfinden. An manchen Schulen müssen die ausgebildeten WaldorflehrerInnen, bevor sie fest eingestellt werden, „ein Versprechen auf die Anthroposophie ablegen".[140] Dies wird jedoch von Waldorfschule zu Waldorfschule unterschiedlich behandelt. Wer zur Internen Konferenz gehört, hat große Handlungsfreiheit. Man wird meistens in diese berufen, an manchen Schulen kann man sich aber auch freiwillig dazu melden. In

---

[139] Steiner, zitiert in: F.J. Krämer u.a., Anthroposophie und Waldorfpädagogik, 1987, S. 147

[140] vgl. ebd., S. 148

ihnen fallen die wirklichen, „internen" Entscheidungen, seien es Personalentscheidungen, wenn man sich von einem Kollegen oder einer Kollegin trennen will, allgemeine Maßnahmen, die die gesamte Schule betreffen (Baumaßnahmen, Finanzierungsmaßnahmen ...). Die pädagogischen Konferenzen dienen einzelnen Klassen oder einzelnen SchülerInnen und dauern oft mehrere Stunden. Und falls die Lehrkräfte gleich an mehreren Konferenzen teilnehmen, kommen sie donnerstags oftmals nicht vor 22.00 Uhr nach Hause. Und dies nach einem vollen Schultag, an dem sie meistens seit 8.00 Uhr unterrichtet haben. Das sind 14 Stunden!

Schulabschlüsse und Transparenz

Natürlich ist es richtig, dass man auf der Waldorfschule das Abitur machen kann. Die Prüfungen finden vor Vertretern der Schulaufsichtsbehörde statt oder müssen zusammen mit sonstigen Bewerbern als so genannte externe Schulabschlüsse abgelegt werden. Die Angaben über die Erfolgsquoten des Abiturs schwanken zwischen 10% und 30%.[141] AnthroposophInnen behaupten, es seien von den zum Abitur zugelassenen SchülerInnen 70% und mehr. Die Klausuren von Waldorfschulen werden oftmals an nahe gelegenen Gymnasien zu Beurteilung gegeben und ich habe vielfach erlebt, wie die LehrerInnen von Gymnasien, die die Waldorfarbeiten vorgelegt bekommen, jedes Jahr erneut über die sehr schlechten Leistungen der WaldorfschülerInnen im Vergleich zu den GymnasiastInnen stöhnten. Und die Quote des Abierfolgs stimmt dann, wenn vorher von 40 SchülerInnen über die Hälfte nicht zugelassen wurden.

Dennoch sollten interessierte Eltern darüber informiert sein, dass man nach 12 Schuljahren meistens nicht wie an staatlichen Schulen automatisch eine Fachoberschulreife bzw. einen Realschulabschluss bekommt, sondern vielfach nur den Hauptschulabschluss. Gehen die SchülerInnen nach elf Jahren von der Waldorfschule ab, haben sie häufig gar keinen Abschluss, nicht mal den Hauptschulabschluss. Da kein Kind sitzen bleiben kann, geht jedes Kind mit seinem Jahrgang weiter. Falls die SchülerInnen dann die Schule verlassen und auf eine öffentliche Schule wechseln wollten, stellt man ihnen auch auf Nachfrage ein Notenzeugnis für die andere Schule aus. Es ist jedoch unumstritten, dass der Wechsel der SchülerInnen während der Schullaufbahn eine große Veränderung darstellt und unterschiedlich gut bewältigt wird.

Weitaus schwieriger ist der Wechsel eines Kindes von einer Waldorfschule auf eine staatliche Schule, besonders auf ein Gymnasium. Erfahrungsgemäß haben sie mit erheblichen Leistungsdefiziten zu tun, müssen sehr viel nacharbeiten und bekommen nur schwer den Anschluss. Ganz zu schweigen davon, dass sie sich nicht so schnell an den Leistungsdruck,

---

[141] Krämer, a.a.O., S. 129

den sie nie kennen gelernt haben, anpassen können. Ich habe es deshalb in den fast 15 Jahren meiner Unterrichtstätigkeit mehrfach erlebt, dass SchülerInnen auf andere Schulen wechselten, dann aber ein bis zwei Jahre später wieder an „unsere" Waldorfschule zurück gekehrt sind. Vielfach wird in der elften Klasse gern ein Auslandsaufenthalt für ein Jahr, irgendwo auf der Welt an einer anderen Waldorfschule, angenommen.

Tatsache ist dennoch, dass fast jeder zweite Waldorfschüler nach dem Abitur sein aufgenommenes Studium abbricht, und damit deutlich häufiger als andere SchülerInnen. Ich erkläre mir das damit, dass das selbständige und stringente, vor allem aber das leistungsorientierte Arbeiten nie eingeübt wurde, und erst recht nicht das eigenständige Beurteilen, Analysieren und Nachdenken.

Auch wenn WaldorfschülerInnen in der elften Klasse selbständig ihre Jahresarbeit zu schreiben haben, die immer aus einem praktischen und einem theoretischen Teil bestehen soll, so reicht das offensichtlich nicht aus, um sie fit für wissenschaftliches Arbeiten und Recherchieren zu machen – zumal die Arbeiten auch immer von einem Tutor oder einer Tutorin betreut werden, die erhebliche Hilfestellungen geben können.

Entscheidungshilfen: 25 Fragen an Eltern

Bevor Sie Ihr Kind auf die Waldorfschule geben, sollten Sie sich folgende Fragen stellen. Wenn Sie diese Fragen größtenteils mit einem klaren „Ja" beantworten können, werden Sie sicherlich mit Ihrer Entscheidung zufrieden sein, wenn nicht, sollten Sie sich die Sache noch einmal gründlich überlegen oder davon Abstand nehmen.[142]

1. Glauben Sie an die reale Existenz von übersinnlichen geistigen Mächten, wie Engeln, Erzengeln und teuflischen Wesen, die in unser Leben eingreifen?

2. Glauben Sie an die Existenz zweier Jesusknaben als Inkarnation des Buddha, Adam und Zarathrustra?

3. Glauben Sie, dass Jesus nach seinem Tod in einer Erdspalte verschwunden ist?

4. Sind Sie bereit, eine deutlich abweichende Auslegung des Neuen Testaments zu akzeptieren?

5. Glauben Sie an das Mysterium von Golgatha (Kreuzigung) als leitendes Prinzip und entscheidenden Wendepunkt in der Menschheitsentwicklung?

6. Glauben Sie an Reinkarnation und Karma? Sind Sie bereit, ErzieherInnen oder LehrerInnen Ihres Kindes als PriesterInnen zu akzeptieren? Sind Sie einverstanden, wenn er oder sie bei Ihrem Kind aufgrund eines Gangs und seiner körperlichen Erscheinung Schlüsse auf frühere Erdenleben und zukünftige Inkarnationen zieht?

7. Sind Ihnen die Lehrinhalte und Erziehungsmethoden der Waldorfschulen bekannt? Wissen Sie, dass an der Waldorfschule jedes Unterrichtsfach (bis auf den konfessionellen Religionsunterricht) von der Weltanschauung der Anthroposophie geprägt ist?

---

[142] vgl. Kayser/Wagemann, a.a.O., S. 191 f., und Checkliste Lippert, a.a.O., S. 266f.

8. Wissen Sie, dass der Freichristliche Religionsunterricht in Wahrheit ein anthroposophischer Religionsunterricht mit sonntäglichen Handlungen ist?

9. Wussten Sie, dass Rudolf Steiner das 5. Evangelium geschrieben hat und zusammen mit einem evangelischen Pfarrer eine ganz neue Religion gegründet hat, die sich „Christengemeinschaft" nennt? In ihren „Menschenweihehandlungen" wird mit Asche, Salz und Wasser getauft.

10. Akzeptieren Sie die anthroposophische Auffassung von der Welt- und Menschheitsentwicklung, die besondere Mission einzelner Völker, Atlantis sowie Wurzel- und Unterrassen (!) als reale Geschichtstatsachen?

11. Sind Sie damit einverstanden, dass Ihr Kind bis zum Ende des 2. Jahrsiebtes (14. Lebensjahr) vor jedem eigenständigen Denken und „zu früher" Intellektualität bewahrt und unmündig gehalten werden soll?

12. Halten Sie es für richtig, dass die KlassenlehrerInnen an Ihrem Kind eine Temperamentenbestimmung vornehmen und entsprechend darauf einwirken?

13. Möchten Sie für Ihr Kind eine deutlich moralische Erziehung, die auch mit Schuldgefühlen arbeitet?[143]

14. Sind Sie überzeugt, dass Kino, Fernsehen, Video, PC's, Kunststoffprodukte, Diskotheken, Popmusik, Hörkassetten, Filzstifte, Fußball, Comics, abstrakte Kunst, moderne Literatur und selbst einige Klassiker Produkte teuflischer Mächte sind, um den Menschen vom rechten Weg abzubringen? Sind Sie bereit, Ihr Kind davor zu schützen?

15. Möchten Sie, dass Ihr Kind in einer abgeschirmten „heilen" Welt aufwächst?

---

[143] vgl. Lippert, a.a.O., S. 259, und Kayser/Wagemann, a.a.O.

16. Sind Sie einverstanden, dass der Klassenlehrer oder die Klassenlehrerin Ihres Kindes Sie zu Hause aufsucht, Sie auf die seelenvernichtenden Einflüsse der modernen Zivilisation (Fernsehen, Gameboy, PC ...) und auf andere schädigende Einflüsse für Ihr Kind aufmerksam macht?

17. Sind Sie bereit, das Spielzeug Ihres Kindes gegen „gutes" Waldorfspielzeug auszutauschen und Kontakte zu Kindern zu unterbinden, die nicht der Waldorfgemeinde angehören?

18. Sind Sie darüber informiert worden, dass der Privatvertrag zwischen Ihnen und der Schule jederzeit aufgrund von Differenzen gekündigt werden kann und eine Umschulung auf eine staatliche Schule nur mit erheblichen Anschlussproblemen und nur mit großen Leistungsdefiziten möglich ist?

19. Wissen Sie, dass eine durchschnittlich große Anzahl von WaldorfschülerInnen Probleme mit dem Lesen und Schreiben haben und dies mit der waldorfspezifischen Methodik des Schreibenlernens zusammen hängt?

20. Ist Ihnen klar, dass das Reden über Sexualität bis zum 21. Lebensjahr tabuisiert werden soll, weil Steiner darin vor dem 20./21. Lebensjahr etwas Krankhaftes sah?[144]

21. Wissen Sie, dass die fundamentalistischen AnthroposophInnen daran glauben, dass wir uns zukünftig mit unseren Sprechorganen vermehren werden, weil sie laut Steiner unsere zukünftigen Fortpflanzungsorgane bilden?

22. Haben Sie mit Eltern gesprochen, die ihr Kind wieder von der Waldorfschule abgemeldet haben, oder Kontakt mit dem in Herne ansässigen „Distelbund e.V." für waldorfgeschädigte Kinder aufgenommen?

---

[144] Kayser/Wagemann, a.a.O., S. 113

23. Sind Sie darauf vorbereitet, dass ihr Kind überwiegend keine individuelle Behandlung erfährt, sondern es nach Schauungen Steiners erzogen und geformt wird?

24. Sind Sie bereit, sich voll und ganz für die Schule aufzuopfern und gleichzeitig auf jegliche Mitbestimmungsrechte zu verzichten?

25. Haben Sie sich hinreichend über die Waldorfpädagogik, ihre Ziele und Methoden informiert, sowohl von anthroposophischer als auch von nichtanthroposophischer, kritischer Seite, um eine für Ihr Kind und Sie derart folgenschwere Entscheidung zu treffen?

Fairer Weise möchte ich mit ein paar Punkten schließen, die, trotz allem, **für** die Einschulung auf eine Waldorfschule sprechen könnten. In Zeiten der Jugendgewalt auf der Straße und in unseren Schulen, die nicht nur, aber auch von ausländischen und speziell von muslimisch erzogenen Kindern und Jugendlichen ausgeht, hat Steiner Folgendes über den Islam gesagt: *„Die mohammedanische Lehre kennt nicht diese Struktur der Welt, von der ich Ihnen gesprochen habe (sic.), sie kennt nicht die zwei Reiche, das Reich des Vaters und das Reich des Geistes, sie kennt nur allein den Vater. Sie kennt nur die starre Lehre: Es gibt nur einen Gott, Allah, und nichts, was neben ihm ist, und Mohammed ist sein Prophet. – Von diesem Gesichtspunkt aus ist die mohammedanische Lehre die stärkste Polarität zum Christentum, denn sie hat den Willen zum Beseitigen aller Freiheit für alle Zukunft, den Willen zum Determinismus, wie es nicht anders sein kann, wenn man die Welt nur im Sinne des Vatergottes vorstellt."*[145]
Hier kann ich Steiner uneingeschränkt zustimmen. In der Tat ist der Islam eine sehr patriarchale Religion und wir müssen Angst haben vor einer weltweiten Islamisierung, nicht nur in Deutschland und Europa.[146]

---

[145] Rudolf Steiner, Vorträge und Kurse über christlich-religiöses Wirken, Apokalypse und Priesterwirkung (GA 346), Dornach 1995, S. 107
[146] Günter Lachmann, Tödliche Toleranz, Die Muslime und unsere offene Gesellschaft, München 2005; aber auch: Hans Peter Raddatz, Allahs Schleier – die Frau im Kampf der Kulturen, München 2004; oder: Udo Ulfkotte, Heiliger Krieg in Europa: Wie die

Und Tatsache ist deshalb auch, dass auf sehr vielen deutschen Waldorfschulen überwiegend deutsche und nur wenige, dafür aber gut integrierte
ausländische Kinder zu finden sind. Waldorfschulen haben gar keine,
oder nur eine verschwindend geringe Anzahl von Gewaltproblemen. Das
wird nicht problematisiert, da es tabuisiert ist, doch das zunehmende Ge-
waltpotential auf staatlichen Schulen ist schon beängstigend und daher
ein nicht zu unterschätzender Pluspunkt für die Waldorfschulen.

Ein weiterer, sehr individueller Grund könnte sein, dass das eigene
Kind vielleicht kein öffentliches Gymnasium schaffen würde, weil es
vielleicht ein/e Spätzünder/in und/oder nicht so intelligent ist. Und
wenn man in einem Einzugsgebiet wohnt, das nur in der Nähe einer
Mammutgesamtschule liegt, noch dazu mit einem hohen Ausländeranteil,
dann wäre das Kind, trotz der anthroposophischen Weltanschauung, auf
einer Waldorfschule vielleicht besser aufgehoben. Und wenn man drittens
ein Kind hat, das vielleicht auf die Sonderschule müsste, meint zu stigmatisieren, weil man vielleicht noch einem Vorurteil aufsitzt, dass es dort
nicht adäquat gefördert wird, wäre die Waldorfschule ebenfalls die möglicherweise bessere Entscheidung.

Zu so mancher anonymen Mammutschule des Staates aus grauem Be-
ton, lieblos in die Landschaft gesetzt, seelenlos und unförmig, wirkt eine
ästhetische, farbenfrohe und gemütliche Schulatmosphäre einer Waldorfschule dagegen wie eine paradiesische Insel. Die goethische Farbenlehre,
die sich in den verschiedenfarbigen Klassenräumen widerspiegelt, wirkt
sich sehr positiv auf die Kinder aus. Und es ist tatsächlich bewiesen, dass
Farben bestimmte Stimmungen hervorrufen, die auch Blinde empfinden
können. Jeder Raum ist anders gestrichen, in den typischen Pastelltönen.

Dennoch schreibt die ehemalige Waldorfschülerin C. Rudolph: „Da
kuscheln sich die Unterrichtsräume aneinander, ist nichts grell beleuchtet
und alles mit sanften Farben getönt. Heimisch und wohlig sei es hier,
wird suggeriert, aber diesen Eindruck herzustellen, gelingt nicht immer:
ich kenne einige, die sich beim Betreten dieser geweihten Stätte eher ein-

---

radikale Muslimbruderschaft unsere Gesellschaft bedroht, Frankfurt a.M. 2007; s.a.:
Martina Arnold, Deutschland für Allah? Islam, Glaubensväter und Mütter erobern das
Land, Kenzingen 2008

verleibt fühlen."[147] Die meisten Waldorfschulen verbreiten eine sehr gemütliche Atmosphäre, in der man sich einfach wohl – und nicht gleich »einverleibt« fühlt. In den Klassenräumen finden sich alle möglichen Gegenstände, die den Raum zu einem visuellen Erlebnis machen. Da stehen Krippen, selbst gemachte Wollschäfchen, neben selbst gefundenen Steinen, handgestrickte Püppchen und geflochtene Weideruten mit Moos, neben Choroi-Flöten und anderen Musikinstrumenten. An den Wänden strahlt in dem typischen Waldorfbilderrahmen aus Holz oftmals die sixtinische Madonna mit dem Jesuskind auf die SchülerInnen herab. Ringsherum sind an den Wänden 40 fast identische Bilder zu bewundern, die die Kinder in sanften Pastelltönen gemalt haben. Der Gründer hängt meistens nur in der Aula oder im LehrerInnenzimmer.

Somit fasse ich hier die positiven Punkte auf Waldorfschulen wie folgt zusammen:

• Wesentlich weniger Gewalterfahrungen als an staatlichen Schulen.

• Hier sind, mit Ausnahmen, überwiegend Kinder der Mittel- und Oberschicht zu finden. Die meisten Kinder kommen aus einem behüteten und häufig wohlhabenden Elternhaus. Sie machen nicht nur materiell, sondern häufig auch seelisch einen wohl genährten Eindruck.

• Eine enorme Möglichkeit für die Kinder, sich schauspielerisch zu erleben. Das baut das Selbstbewußtsein und die eigene, individuelle Ausdrucksfähigkeit auf, sofern es sich nicht um Stücke mit stereotypen Rollenklischees und einer schwülstigen, sehr simplen Moral handelt, die häufig genug an der Tagesordnung sind. Die Kinder kommen gerne vor die Klasse und tragen etwas vor, sie haben kaum Hemmungen. Wobei auch gesagt werden muss, dass nicht etwa die SchülerInnen selbst eine Rolle in den Theaterstück aussuchen, sondern die KlassenlehrerInnen häufig die Besetzung vornehmen, und dies oftmals aufgrund sehr abstruser anthroposophischer Überlegungen.

---

[147] Rudolph, a.a.O., S. 20

- Ein Gemeinschaftsgefühl mit den anderen KlassenkameradInnen. Freundschaften aus dieser Zeit halten oftmals ein Leben lang an, zumal auch die anthroposophischen Eltern untereinander befreundet sind. Der Klassenverband von acht Jahren gilt als Schicksalsgemeinschaft. Das kann sich positiv, aber auch negativ auswirken.

- Die Möglichkeit, sich in der Schule musisch und künstlerisch zu betätigen. Jedoch wird fast ausschließlich Leier, Harfe eine von AnthroposophInnen hergestellte und vertriebene Flöte (Choroi-Flöte) und Violine angeboten, selten (wenn überhaupt) z. B. Gitarre, höchstens noch Kontrabaß, Klavier und Altflöte. Das künstlerische Angebot ist nicht an allen Schulen gleichermaßen vielfältig, auch hier muss darauf geachtet werden, was tatsächlich angeboten wird.

- „Freies" spielerisches Lernen, ohne Noten- und Leistungsdruck.

- Heilpädagogische Waldorfschulen haben noch einmal einen anderen Stellenwert. Hier liegt wohl die wahre Stärke der Anthroposophie, da es hier kaum um die Vermittlung intellektueller Fähigkeiten geht. Das mag damit zusammenhängen, dass auch Steiner seine ersten persönlichen und erfolgreichen Erfahrungen im heilpädagogischen Bereich gemacht hat. Er brachte einen geistig zurückgebliebenen Jungen mit Wasserkopf sogar zum Abitur. Auf diesem Gebiet gibt es wirklich hervorragende heilpädagogische Waldorfschulen, in denen die Kinder sich sehr wohl fühlen und menschlich adäquat von engagierten WaldorfpädagogInnen betreut werden, ohne anthroposophischen Dogmatismus u. ä. Gleichzeitig sind hier auch Gegenbeispiele zu nennen.[148]

---

[148] vgl. Kathrin Taube, Ertötung aller Selbstheit, Das anthroposophische Dorf als Lebensgemeinschaft mit geistig Behinderten, München 1994

Fazit

„Waldorf hat das 20. Jahrhundert weitgehend dazu genutzt, um darin nicht anzukommen. Und das 21. hat bereits begonnen!"[149]

Somit ist klar, ich bin keineswegs für eine Abschaffung der Waldorfschulen, sie können trotz ihrer Anachronismen bei ausreichender Kontrolle ein wichtiges Korrektiv zu Staatsschulen bilden. Es ist allerdings eine dringende Reform nötig, dazu gehört auch, dass der Meister als Mensch mit all seinen Fehlern und Schwächen, und vor allem mit erlaubten Brüchen in seiner Biografie, gesehen wird. Waldorfs sollten endlich eine „Aufklärung" im großen Stil zulassen und für eine Reform offen sein. Anthroposophisch fundamentalistische WaldorfpädagogInnen dürften dagegen keine Schule betreiben, denn Stillstand und Dogmatik in einer Weltanschauung ist von Übel, sowohl für Kinder als auch für Erwachsene. Denn hier gilt: „Wo es absolute Erkenntnis gibt, steht die Welt still. Denn mit Wesenserkenntnissen über Gott, Mensch und Welt gibt es keine Zweifel; für Wesenserkenntnisse gibt es keine wiederholbaren und variablen Verfahren, die auch zu Korrekturen der Ergebnisse führen könnten; gegen Wesenserkenntnisse gibt es keine Einwände und Rechtsmittel. Sie sind absolut und unabänderlich wie der Lauf der Sterne."[150]

Da es in unserer pluralistisch demokratischen Gesellschaft allerdings auch fundamentalistisch, evangelikale Schulen, fundamentalistisch katholische Schulen und islamische Koranschulen geben darf, habe ich da keine Hoffnung auf Änderung bei fundamentalistischen Waldorfs, hin zu tatsächlicher Freiheit und zu mehr Selbstbestimmung des Einzelnen. Es kann nur wundern, dass die ansonsten sehr autoritätskritischen Eltern diesen direktiven Ansatz von Waldorfs so vielfach nachfragen und für ihre Kinder wählen. Die Ursache hierfür kann ebenso vielfältige Gründe haben: Sie sind selbst AnthroposophInnen; oder sie haben Immunitätsansprüche, wollen für Ihre Kinder mehr Schutz gegenüber der Presse haben und sehen das bei einer privaten Waldorfschule eher gewährleistet also

---

[149] Rüdiger Iwan, Die neue Waldorfschule, Hamburg 2007
[150] Prange, a.a.O., S. 165

123

bei einer Staatsschule; sie wollen ihren Kindern trotz aller Vorbehalte den Leistungs- und Notendruck bis zur 11. Klasse ersparen, müssten ihr Kind sonst auf eine Gesamt- oder Hauptschule geben, in der der Ausländeranteil bei 40 – 50% liegt; die Waldorfschule liegt in einem privilegierten Einzugsgebiet und hat einen guten und liberalen Ruf. Weitere Gründe sind aber auch: fehlende oder nur einseitige Informationen (von Waldorfs), falsche Ansprüche und Erwartungen, eigene idealistische Projektionen, das Setzen auf Versprechungen von Waldorfs, die mit Vokabeln wie Freiheit, Kunst- und Musikerziehung, ganzheitlicher Erziehung, größerer Naturnähe und einem konfessionsunabhängigen Religionsunterricht werben und so die Eltern ködern.

„Auf jeden Fall bietet die anthroposophische Weltanschauung Gewissheit statt Diskurs und Diskussion, Antwort statt Skepsis, Ankunft statt Innovation und Variation als Dauerzustand. Im Asyl des freien Geisteslebens steht die Zeit still, so wie in einem Museum noch alles so erscheint, wie es früher einmal gewesen sein soll: geordnet, überschaubar, einfach, natürlich, menschlich, während auf der Straße und vor dem Fernsehen nichts so bleibt, wie es war."[151]

Die Schulbehörden sollten deshalb mehr Weiterbildungsseminare und mehr kritische Foren anbieten, sowohl für Eltern als auch für PädagogInnen, auf denen Elemente von Waldorfs diskutiert werden könnten. Außerdem müsste es Pflichtveranstaltungen geben, auf denen AnthroposophInnen einen Austausch mit staatlichen PädagogInnen führen müssten. Da viele AnthroposophInnen und Waldorfs sonst ein Leben lang nur im eigenen steinerschen Saft weiter schmoren, auch noch die nächsten 300 Jahre. Und leider muss auch Iwan Rüdiger in seinem „Erfolgsmodell" „Die neue Waldorfschule" resümierend erkennen: „So häufig dort Lehrer anzutreffen sind, die aus ihrem Beruf eine Berufung machen, so selten hat ihr gesteigerter Einsatz eine erkennbare Auswirkung auf die Veränderung der Schule selbst. Aus dem einfachen Grund, weil man sich dort zu geistig ist, um in der Dimension von Zielen, Prozessen und Verantwortlich-

---

[151] ebd., S. 164

keiten denken zu lernen (und zu handeln!) Die einfachsten Begriffe einer Organisation und ihrer Entwicklungsgesetze fehlen."[152]

Und er stellt deshalb resignierend fest, in dem er über die stundenlangen Konferenzen bei Waldorfs schreibt: „Ein Vorgehen ist nicht erkennbar. Die Fragen und Frager wechseln willkürlich. Antworten Steiners erfolgen rundum und direkt in alle Richtungen. Nur leider, ohne dass Lösungen dabei näher rückten. Alles wird angesprochen! Nichts wirklich bearbeitet! Nichts bewegt sich mehr. Außer den unter der Sachebene lauernden Spannungen. Die aber richten sich nur wie ein Sperrfeuer auf die Arbeit. Und erschweren sie zusätzlich. Und die Lehrer, die sich nach nur drei Jahren diesem Berg von Schwierigkeiten gegenübersehen? Sie haben kapituliert. Klammheimlich innerlich gekündigt. Steiner, um ihnen das bewusstzumachen, greift zu einem wenig schmeichelhaften Vergleich: ‚Es ist eine schwere Masse, das Lehrerkollegium. Sie sitzen auf kurulischen Stühlen der Waldorfschule. Wir aber müssen leben.' Ausgerechnet die Lehrer der Freien Waldorfschule! Werden von Steiner mit römischen Staatsbeamten gleichgesetzt! So wie sie sich vor Tausenden von Jahren an ihren Amts- und Ehrensessel geklammert haben, so fest sollen sich nach nur drei Jahren Waldorfschule die Lehrer auf ihren Konferenzstühlen verhockt haben, dabei offenbar eine Art des Aussitzens von Problemen antizipierend."[153]

Die „Anthros oder Waldorfs" haben mittlerweile eine eigene „Parallelgesellschaft" fest installiert und etabliert, mit eigenen Banken, Universitäten (Herdecke), Krankenhäusern, Bioläden, Bauernhöfen, Kunsthochschulen, Waldorfschulen, Cafés, Buchläden, Seminarzentren, Arbeitsgruppen ... Ich plädiere dagegen wenigstens für eine „multikulturelle" Schullandschaft und damit für eine verordnete „Vermischung", in der sich staatliche und anthroposophische PädagogInnen an einen Tisch setzen und echten Austausch beginnen müssten. Auch über die „heiligen Kühe" der Anthroposophie wie der sakrosankten Führerfigur Steiners mit seinen rassistischen Aussagen, seinen widersprüchlichen Schauungen, der Euryth-

---

[152] Iwan, a.a.O., S. 9
[153] ebd., S. 22

mie, dem freichristlichen Religionsunterricht, der „freien" Kunsterziehung usw. **Ich meine hier nicht weitere Informations- und Missionsveranstaltungen von Waldorfs, die ihrem Image dienen, sondern echte kritische Diskussionsforen, die auf der Basis unserer Schulgesetze ergebnisorientiert sein müssten!** Es gibt etliche AnthroposophInnen und damit auch Waldorfschulen, die dazu bereit sind und das schon lange tun; den anderen müsste man die Gelder streichen. Dass dieser Anspruch unrealistisch ist, ist mir schon klar. Die Schulaufsicht hat jedoch hier eine Fürsorgepflicht (durch Aufsichtsfunktionen, Kontrollinstanzen, Gesetzesregelungen) und kann m. E. keine Schulen finanziell vom Geld **aller** BürgerInnen (und nicht nur von AnthroposophInnen) unterstützen, die diese Bereitschaft nicht erkennen lassen, offene und nicht „nur" ver„Steiner"te Wege gehen zu wollen.

Die Einführung eines einheitlichen Abiturs mit streng kontrollierten, staatlichen Prüfungsaufgaben ist schon mal ein kleiner Schritt in die richtige Richtung. Hier wird die Spreu vom Weizen getrennt und einige Waldorfs werden vielleicht ins Nachdenken kommen, bestimmte Leitlinien ihres Konzepts auch schon früher den fortgeschrittenen Bedingungen der Zeit anzupassen und nicht mehr an sinnentleertem Traditionsgut festzuhalten, nur weil vor bald 90 Jahren ein „hellsichtiger", „berauschter" und selbsternannter „Weltenlenker" sie für alle Zeiten „ver-Steiner-n" wollte. Denn ansonsten gilt:

„Wenn einer Anthroposoph sein muss, um verantwortlich über die Waldorfschule zu sprechen, dann kann ein Nicht-Anthroposoph nicht verantworten, sein Kind dort einzuschulen."[154]

---

[154] Hildegard und Jochen Bußmann, Unser Kind geht auf die Waldorfschule, Erfahrungen und Ansichten, Hamburg 1990, S. 10

Literatur

Anthroposophische und halbkritische anthroposophische Literatur[155]

Bader, Hans-Jürgen/Ravagli, Lorenzo/Leist, Manfred, Die Überwindung des Rassismus durch die Anthroposophie, Rassenideale sind der Niedergang der Menschheit, 2. neu bearbeitete Aufl., Stuttgart, 2005

Barz, Heiner, Anthroposophie im Spiegel von Wissenschaftstheorie und Lebensforschung, Zwischen lebendigem Goetheanismus und latenter Militanz, Weinheim 1994

Barz, Heiner, Kindgemäßes Lernen, Was die Waldorfschule anders macht, Freiburg, Basel, Wien 1996

Ders., „Sekten", „Jugendreligionen", „Psychokulte": Phänomene, Fiktionen, Fakten, Vortrag auf der Tagung: Säkularer Staat

Goebel Wolfgang/Glöckler, Michaela, Kindersprechstunde, Ein medizinisch-pädagogischer Ratgeber, Stuttgart 1991

Görg, H., in: Flensburger Hefte, Schwangerschaftsabbruch, Heft 36, 3/92, Flensburg 1992

Höfer, Thomas, Wasch mich, aber mach mich nicht nass! Rudolf Steiner und der O.T.O, in: Flensburger Hefte, Heft 33, 6/91, Flensburg 1991

Iwan, Rüdiger, Die neue Waldorfschule, Ein Erfolgsmodell wird renoviert, Hamburg 2007

Kügelgen, Helmut, in: Zur religiösen Erziehung, o.J.

Leber, Stefan, Hrsg., Steiner, Praktische Ausbildung des Denkens, in: Wege der Übung, aus: GA 108, Dornach 1970

Leisegang, Hans, Die Grundlagen der Anthroposophie, Hamburg 1922

Lindenberg, Christoph, Waldorfschulen, Angstfrei lernen, selbstbewußt handeln, Reinbek 1975

---

[155] Damit ist Literatur gemeint, die sich für kritisch hält, weil sie kritische Aspekte der Anthroposophie und Waldorfpädagogik beleuchtet, allerdings insgesamt die Waldorfpädagogik und Anthroposophie, oder aber den Meister vehement verteidigt. Dazu gehören z.B. die Bücher von Barz und Moritz.

Moritz, Hans, Waldorfpädagogik und Existenzanalyse, Verträglichkeit und Ergänzung von Menschenbild und Erziehungsvorstellung, Dissertation, Erlangen-Nürnberg 1996

Siegloch, Magdalene, Lory Maier-Smits, Dornach 1993

Steiner, Rudolf, Pädagogischer Ergänzungskurs für die Lehrer der Freien Waldorfschule in Stuttgart vom 12.–19.6.1921, 6. Vortrag, 17. Juni 1921, Kopie eines unveröffentl. Manuskripts

Ders., Gegenwärtiges Geistesleben und Erziehung (GA 307), Dornach 1927

Ders., Das Vaterunser, Eine esoterische Betrachtung, Dornach 1954

Ders., Aus der Akasha-Chronik, Sonderdruck aus der Zeitschrift Lucifer – Gnosis, Nr. 14 (1904), Nr. 35 (1908), Basel 1955

Ders., Rudolf Steiner in der Waldorfschule (GA 298), Stuttgart 1958

Ders., Die Suche nach der neuen Isis, der göttlichen Sophia, Dornach 1961

Ders., Die Mission einzelner Volksseelen im Zusammenhange mit der germanisch-nordischen Mythologie (GA 121), Dornach 1962

Ders., Gesammelte Aufsätze zur Kultur- und Zeitgeschichte 1887-1901 (GA 31), Dornach 1966

Ders., Erziehungskunst, Seminarbesprechungen und Lehrplanvorträge (III) (GA 295), Dornach 1969

Ders., Gesamtausgabe, Band 32, 1988; aus: Gesammelte Aufsätze der Literatur, Dornach 1971

Ders., Ansprachen zu den Weihnachtsspielen aus altem Volkstum (GA 274), Dornach 1974

Ders., Die Mission der neuen Geistesoffenbarung, Das Christus-Ereignis als Mittelpunktgeschehen der Erdenrevolution (GA 127), Dornach 1975

Ders., Konferenzen mit den Lehrern der Freien Waldorfschule 1919-1924, Bd. 1 (GA 300a), Dornach 1975

Ders., Wahrspruchworte (GA 40), Dornach 1978

Ders., Menschenerkenntnis und Unterrichtsgestaltung (GA 302), Dornach 1978

Ders., Perspektiven der Menschheitsentwicklung (GA 204), Dornach 1979

Ders., Die Erziehungsfrage als soziale Frage (GA 296), Dornach 1979

Ders., Anthroposophische Menschenkunde und Pädagogik (GA 304a), Dornach 1979

Ders., Die geistig-seelischen Grundkräfte der Erziehungskunst, 3. Aufl., TB-Ausg. 605, (GA 305), Dornach 1981

Ders., Mein Lebensgang (GA 28), Dornach 1982

Ders., Erziehung und Unterricht aus Menschenerkenntnis (GA 302a), Dornach 1983

Ders., Über Gesundheit und Krankheit, Grundlagen einer geisteswissenschaftlichen Sinneslehre (GA 348), Dornach 1983

Ders., Das Johannes-Evangelium im Verhältnis zu den drei anderen Evangelien (GA 112), Dornach 1984

Ders., Das Ereignis der Christus-Erscheinung in der ätherischen Welt (GA 118), Dornach 1984

Ders., Das Zusammenwirken von Ärzten und Seelensorgen (GA 318), Dornach 1984

Ders., Die Welträtsel und die Anthroposophie (GA 54), 2. Aufl., Dornach 1985

Ders., Das Lukas-Evangelium (GA 114), Dornach 1985

Ders., Erziehungskunst. Methodisch-Didaktisches, Zweiter Teil. 5. Aufl., (GA 294), Dornach 1986

Ders., Arbeitsfelder der Anthroposophie. Medizin der Pädagogik, Vorträge und Aufsätze. Ausgewählte Werke, Bd. 8, Frankfurt a.M., 1985

Ders., Die Philosophie der Freiheit, Grundlage einer modernen Weltanschauung (GA 4), TB, Dornach 1987

Ders., Lucifer – Gnosis (GA 34), Dornach 1987

Ders., Zur Geschichte und aus den Inhalten der erkenntniskultischen Abteilung der Esoterischen Schule von 1904 bis 1914 (GA 265), Dornach 1987

Ders., Geisteswissenschaftliche Menschenkunde (GA 107), Dornach 1988

Ders., Anthroposophische Leitsätze (GA 26), Dornach 1989

Ders., Esoterische Betrachtungen karmischer Zusammenhänge, Vierter Band: Das geistige Leben der Gegenwart im Zusammenhang mit der anthroposophischen Bewegung (GA 238), Dornach 1991

Ders., Allgemeine Menschenkunde als Grundlage der Pädagogik (GA 293), Dornach 1992

Ders., Vorträge und Kurse über christlich-religiöses Wirken – II: Spirituelles Erkennen, Religiöses Empfinden, Kultisches Handeln (GA 343), Dornach 1993

Ders., Vorträge und Kurse über christlich-religiöses Wirken – III: Vorträge bei der Begründung der Christengemeinschaft (GA 344), Dornach 1994

Ders., Vorträge und Kurse über christlich-religiöses Wirken, – V: Apokalypse und Priesterwirken (GA 346), Dornach 1995

Stockmeyer, E. A. Karl, Rudolf Steiners Lehrplan für die Waldorfschulen, 3. Aufl., Stuttgart 1976

Turgenieff, Assja, Erinnerungen an Rudolf Steiner und die Arbeit am ersten Goetheanum, 2. Aufl., Stuttgart 1973

Wagner, Arfst, Beiträge zur Dreigliederung des sozialen Organismus, Dokumente und Briefe zur Geschichte der Anthroposophischen Bewegung und Gesellschaft in der Zeit des Nationalsozialismus, 1. Band, Allgemeine Anthroposophie, Rendsburg 1991

Wehr, Gerhard, Rudolf Steiner, Freiburg 1981

Nichtanthroposophische und kritische Literatur

AKVES (Arbeitsgemeinschaft der katholischen Verbände für Erziehung und Schule), in: Kirchliche Kritik an der Waldorfpädagogik, Zum Faltblatt der AKVES: Katholische Kinder an Waldorfschulen?, Sonderdruck aus „Erziehungskunst", Monatsschrift zur Pädagogik Rudolf Steiners, Heft 10/1988

Anderson, Harriet, Hrsg., Rosa Mayreder, Tagebücher 1873-1937, Frankfurt a.M. 1988

Apel, Max, Geheimwissenschaft, Ein philosophischer Ausflug in die übersinnlichen Welten Dr. Rudolf Steiners, Charlottenburg 1922

Arnold, Martina, Deutschland für Allah? Islam, Glaubensväter und Mütter erobern das Land, Kenzingen 2008

Badewien, Jan, Anthroposophie, Eine kritische Darstellung, 4. Aufl., Konstanz 1990

Ders., Die Anthroposophie Rudolf Steiners, München 1994

Baumann-By, Lydie und Andreas, Achtung Anthroposophie, Ein kritischer Insiderbericht, Zürich 2000

Beckmannshagen, Fritz, Rudolf Steiner und die Waldorfschulen, Eine psychologisch-kritische Studie, 5. Aufl., Wuppertal 1987

Bierl, Peter, Wurzelrassen, Erzengel und Volksgeister, Die Anthroposophie Rudolf Steiners und die Waldorfpädagogik, Hamburg 2005

Brügge, Peter, Die Anthroposophen, Waldorfschulen, Biodynamischer Landbau, Ganzheitsmedizin, Kosmische Heilslehre, Hamburg 1984

Bußmann, Jochen und Hildegard, Unser Kind geht auf die Waldorfschule, Erfahrungen und Ansichten, Hamburg 1990

Dessoir, Max, Vom Jenseits der Seele, Die Geheimwissenschaften in kritischer Betrachtung, Stuttgart 1931

Evangelischer Oberkirchenrat Stuttgart, Zum Verhältnis des christlichen Glaubens zu Anthroposophie und Waldorfpädagogik, Eine Arbeitshilfe des Evangelischen Oberkirchenrats Stuttgart, Neufassung 1992

Gassmann, Lothar, Das anthroposophische Bibelverständnis, Wuppertal 1993

Geisen, Richard, Anthroposophie und Gnostizismus, Darstellung, Vergleich und theologische Kritik, Paderborn, München, Wien, Zürich 1992

Giese, Cornelia, Rudolf Steiner und die Frauen, Im Zentrum seines Lebens, im Schatten seiner Macht, Herbolzheim 2008

Giese, Cornelia, Rudolf Steiner und die Waldorfschule aus feministischer und religionskritischer Perspektive, Herbolzheim 2008

Grandt, Guido und Michael, Schwarzbuch Anthroposophie, Rudolf Steiners okkult-rassistische Weltanschauung, Wien 1997

Grandt, Guido und Michael, Waldorf Connection, Rudolf Steiner und die Anthroposophen, 1998

Grom, Bernhard, Anthroposophie und Christentum, München 1989

Hauer, Jakob Wilhelm, Werden und Wesen der Anthroposophie, Eine Wertung und eine Kritik, Stuttgart 1922

Höfener, Hartmut, Die Christengemeinschaft und die Evangelische Kirche in Deutschland gegeneinander, nebeneinander oder miteinander, Dortmund u. Lünen 1996

Hövels, Karl, Beiträge zur Kritik der anthroposophischen Welt- und Lebensanschauung und kritische Beleuchtung der anthroposophischen Unterrichtslehre, Kaldenkirchen 1926

Iwan, Rüdiger, Die neue Waldorfschule, Ein Erfolgsmodell wird renoviert, Hamburg 2007

Jacob, Sybille-Christin/Drewes, Detlef, Aus der Waldorfschule geplaudert, Warum die Steiner-Pädagogik keine Alternative ist, 1. Auflage, Aschaffenburg 2001

Kayser, Martina/Wagemann, Paul-Albert, Wie frei ist die Waldorfschule? Geschichte und Praxis einer pädagogischen Utopie, Berlin 1993

Krämer, F.J./Scherer, G./Wehnes.F.J., Anthroposophie und Waldorfpädagogik, Information/Kritik, Annweiler 1987

Kully, Max, Die Wahrheit über die Theo-Anthroposophie als eine Kulturverfallserscheinung, Ein Beitrag zur Geschichte des Okkultismus der Gegenwart, speziell des Steinerismus, Basel 1926 u. Leipzig 1926

Kowal-Summek, Ludger, Die Pädagogik Rudolf Steiners im Spiegel der Kritik, 2. Aufl., Herbolzheim 2001

Lachmann, Günther, Tödliche Toleranz. Die Muslime und unsere offene Gesellschaft, München 2005

Lippert, Susanne, Steiner und die Waldorfpädagogik, Mythos und Wirklichkeit, Berlin 2001

Odermatt, Martin, Der Fundamentalismus, Ein Gott, eine Wahrheit, eine Moral?, 2. Aufl., Düsseldorf 1994

Pierott, Vera, Anthroposophie – eine Alternative?, Stuttgart 1982

Prange, Klaus, Erziehung zur Anthroposophie, Darstellung und Kritik der Waldorfpädagogik, Bad Heilbrunn/Obb. 1987

Raddatz, Hans-Peter, Allahs Schleier – die Frau im Kampf der Kulturen, München 2004

Rest, Franco, Waldorfpädagogik, Stuttgart 1992

Rudolph, Charlotte, Waldorferziehung, Wege zur Versteinerung, 4. Aufl., Darmstadt 1988

Schroeder, Hans-Werner/Debus, Michael u. a., Christentum, Anthroposophie, Waldorfschule, Waldorfpädagogik im Umfeld konfessioneller Kritik, Stuttgart 1987

Taube, Kathrin, Ertötung aller Selbstheit, Das anthroposophische Dorf als Lebensgemeinschaft mit geistig Behinderten, München 1994

Treher, Wolfgang, Hitler, Steiner, Schreber, Emmendingen 1990

Tucholsky, Kurt, Deutsches Tempo, Texte 1911 bis 1932, Hamburg 1990

Ulfkotte, Udo, Heiliger Krieg in Europa: Wie die radikale Muslimbruderschaft unsere Gesellschaft bedroht, Frankfurt a.M. 2007

Ullrich, Heiner, Waldorfpädagogik und okkulte Weltanschauung, Eine bildungsphilosophische und geistesgeschichtliche Auseinandersetzung mit der Anthropologie Rudolf Steiners, 3. Aufl., Weinheim und München 1991

Weibring, Juliane, Frauen um Rudolf Steiner, Im Zentrum seines Lebens, im Schatten seines Wirkens, Oberhausen 1997

Weibring, Juliane, Die Waldorfschule und ihr religiöser Meister, Die Waldorfpädagogik aus feministischer und religionskritischer Perspektive, Oberhausen 1998

Zander, Helmut, Anthroposophie in Deutschland, (Bd. 1 und Bd. 2), Göttingen 2007

Weitere wissenschaftliche Veröffentlichungen der Autorin

Rudolf Steiner und die Frauen, Centaurus Verlag 2008

Rudolf Steiner und die Waldorfschule aus feministischer und religionskritischer Perspektive, Centaurus Verlag 2008

Lulu in einer anderen Welt (Kinderbuch), Athena Verlag 2000

Irgendwie anders (Kinderbuch), Athena Verlag 2001

Gleichheit und Differenz, Frauenoffensive 1990

······Bücher von Cornelia Giese

Rudolf Steiner und die Frauen
Im Zentrum seines Lebens, im Schatten seiner Macht

2. Auflage 2008, 190 Seiten,
ISBN 978-3-8255-0703-9, 19,90 €

Immer wieder gerät die Anthroposophie einschließlich der Waldorfschulen ins Visier der GegnerInnender Esoterik und ihrer politischen Kampagne. Obwohl Cornelia Giese hier ein kritisches Buch zur Entstehungsgeschichte der „Geisteswissenschaft" vorlegt, die Steiner als alleinigen Urheber betrachtet, hat es mit der Art der Verunglimpfung der Anthroposophie, wie sie häufig betrieben wird, nichts gemeinsam. Diese Studie ist völlig unabhängig von solchen Bestrebungen und in anderer Absicht entstanden. Sie will aus patriarchatskritischer Perspektive zur Entmythologisierung der sakrosankten Gründerfigur Steiners beitragen – dies ist zudem ganz in seinem Sinne.

Es geht der Autorin um den Nachweis, dass Frauen maßgeblich an der Begründung der anthroposophischen Bewegung beteiligt waren – und das viel zentraler und weitgehender, als der Mythos von Steiner als dem „großen Schöpfer" und „Welterneuerer" es uns glauben machen will. Das Buch bietet einen Ausschnitt von Steiners weiblichem Umfeld. Die Autorin stellt die Anthroposophie den Nichteingeweihten unter anderem Blickwinkel vor, als dem des meisterzentrierten Steiner-Kults. Der Band richtet sich auch an offene, unversteinerte AnthroposophInnen, WaldorfpädagogInnen und Eltern von WaldorfschülerInnen, die zur kritischen Auseinandersetzung mit einem freieren Frauengeist als dem von „Meistern" dirigierten bereit sind.

Aktuelle Lesetipps

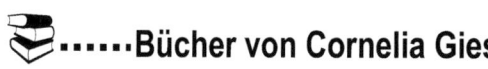·······Bücher von Cornelia Giese

Rudolf Steiner und die Waldorfschule aus feministischer und religionskritischer Sicht

2. Auflage 2008, 270 Seiten,
ISBN 978-3-8255-0702-2, 22,90 €

In dieser Studie zeigt die Autorin die überholten Rollenbilder und Klischees der Waldorfpädagogik auf. Inhaltliche Schwerpunkte sind neben der Auseinandersetzung mit Rudolf Steiners Frauenbild und seiner Mädchen- und Jungenerziehung die konkreten Lehrinhalte an Waldorfschulen.
Außerdem wirft die Autorin die Frage auf, ob Eltern eigentlich über das Ausmaß der anthroposophischen Erziehung informiert und sich der dabei übermittelten stereotypen Rollenmuster bewusst sind. So werden u.a. ausgewählte Märchen, Rittergeschichten, Theaterstücke und anthroposophische Erziehungsratgeber auf ihren weltanschaulichen Hintergrund, ihre Stereotypen und ihre Moral hin kritisch untersucht. Dabei zögert die Autorin nicht, auch die Aussagen des „Meisters" und Gründers der Anthroposophie zu hinterfragen. Es geht ihr außerdem um Steiners originäre Christologie, seine Rolle als Religionsstifter bei der Gründung der anthroposophischen Christengemeinschaft und der Einrichtung des anthroposophischen „Freien christlichen Religionsunterrichts" an Waldorfschulen.
Das Buch gibt abschließend unentschiedenen Eltern, die sich mit dem Gedanken tragen, ihr Kind auf die Waldorfschule zu geben, Entscheidungshilfen an die Hand, um das Für und Wider abzuwägen.

www.centaurus-verlag.de

Aktuelle Lesetipps

**Neu! Neu! Neu!**

Martina Arnold
Deutschland für Allah?
Islamische Väter und Mütter erobern das Land

2008, ISBN 978-3-8255-0713-8, ca. 260 Seiten
ca. 25,– €

Grundwerte unserer demokratischen Rechtsordnung werden zunehmend von moslemischen Fundamentalisten und anderen religiösen und politischen Gruppierungen missbraucht. Haben wir überhaupt noch eine Stimme in diesem Land, oder werden wir langsam aber sicher entmündigt? Inwieweit helfen Politiker mit, islamistischen Vereinigungen und Gegnern unseres westlichen Systems Macht zu verleihen, unsere demokratische Grundordnung mit Füßen zu treten? Es wird sich zeigen, ob moslemische Menschen, die von einer unreformierten und patriarchal-frauenfeindlichen Religion wie dem Islam geprägt sind, auf Dauer in unsere westliche Gesellschaft integriert werden können, oder ob sie nicht hier stärker als zuvor, an Werten festhalten, die unserem Verständnis und unserer demokratischen Ethik zutiefst widersprechen.

Die Autorin zeigt sowohl matriarchalische Strukturen vorislamischer Zeit auf, als auch archaisch-religiöse und vor allem patriarchalische Gesetze eines religiösen Weltbildes, das durch Mohammed gegründet wurde. Doch sie schreibt nicht nur über seine Offenbarungen, seine Frauen und seine Gesetze, die Jahrtausende zurück liegen, sondern der Islam (Unterwerfung/Hingabe) wird auch in der heutigen Zeit kritisch hinterfragt, besonders im Hinblick auf sein patriarchales Frauenbild und die Machtinteressen muslimischer Männer. Gleichzeitig werden „Lösungen" gesucht, der Islamisierung Deutschlands und Europas erfolgreich zu begegnen. Am Ende zeichnet sie ein vielleicht nicht ganz so surrealistisches Zukunftsszenario, wie die Welt in ca. 50 bis 60 Jahren hier in Deutschland aussehen könnte.

www.centaurus-verlag.de